MW01265260

# Olmecas

*Una Guía Fascinante de la Civilización Antigua Más Importante Conocida En México*

# Índice

# Introducción

Cuando la mayoría de la gente piensa en la Mesoamérica precolombina, a menudo se dirigen directamente a los aztecas y mayas, probablemente las civilizaciones nativas más famosas y conocidas de esta región. Por supuesto, no tienen la culpa, ya que los mismos historiadores otorgan a esas culturas la mayor parte de su atención. Esto, a menudo, lleva a conceptos erróneos sobre cómo la vida civilizada comenzó realmente en las Américas. Algunas personas piensan que la civilización no existía en América del Norte hasta que llegaron los europeos; otros piensan que todo comenzó con los mayas.

En realidad, las primeras personas que lograron ascender a la vida civilizada fueron los olmecas. Siguen siendo relativamente desconocidos, permaneciendo escondidos en los largos y oscuros pasadizos de la historia olvidada. La mayor parte de su cultura permanece envuelta en un halo de misterio, lo que puede explicar por qué tan pocos historiadores están listos para abordar la tarea de descubrir la verdadera historia de los olmecas. Es un trabajo difícil, e incluso después de muchas décadas dedicadas a la investigación de los olmecas, las respuestas pueden continuar sin aparecer. Y, generalmente, con cada respuesta, surge una nueva pregunta. En cierto modo, es una tarea de Sísifo. Debido a que no hay fuentes escritas ni historias sobre los olmecas, su historia exacta permanece desconocida. Y la mayor parte de nuestro conocimiento sobre ellos son solo teorías basadas en hallazgos arqueológicos.

Entonces, cualquiera que sea lo suficientemente valiente como para asumir la tarea de aprender acerca de los olmecas, debe estar preparado para una gran cantidad de suposiciones, presunciones, probabilidades y posibilidades, sin mencionar las opiniones en conflicto de varios historiadores. Con todo eso en mente, uno podría desanimarse incluso antes de intentarlo. Pero, por ser la civilización más antigua conocida en América, merecen algo de nuestra atención. Su historia merece ser contada.

# Capítulo 1 - ¿Quiénes fueron los olmecas?

La respuesta más honesta que obtendrá a esta pregunta es "no estamos exactamente seguros". Estas personas, conocidas como los olmecas, ocuparon partes del sur central del México actual, territorios que hoy conforman los estados de Veracruz y Tabasco, en las costas del Golfo de México. Surgieron en estas tierras bajas tropicales alrededor del 1400 a.C. y crearon lo que se considera una de las primeras civilizaciones de Mesoamérica. Durante aproximadamente mil años, fueron la nación más desarrollada y poderosa en este área. A lo largo de ese periodo, dominaron la región a través del comercio y el poderío militar, extendiendo su cultura y civilización más sofisticada a las tribus vecinas. Y luego, alrededor del 400 a.C., tan pronto como llegaron, desaparecieron en las espesas selvas mexicanas.

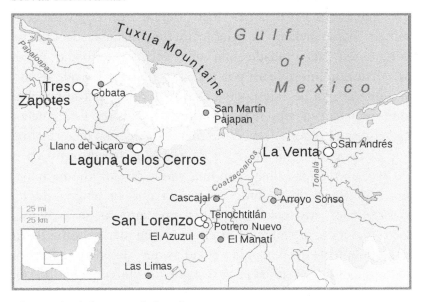

*El corazón de la tierra de los olmecas.*

Durante casi dos mil años fueron olvidados, pero durante el siglo XIX, cuando la arqueología comenzó a expandirse y a evolucionar hacia una ciencia seria, los historiadores comenzaron a identificar un tipo específico de escultura de jade con rasgos de jaguar. Era un estilo único y poderoso que llamó su atención. Después de algunas investigaciones, descubrieron que venían de la región que ahora conocemos como el corazón de la tierra de los olmecas, ubicada a lo largo de la costa del Golfo. Los primeros arqueólogos modernos no estaban seguros de cómo nombrar a esta nueva civilización, pero uno de ellos recordó que los aztecas del siglo XVI les contaron a los españoles acerca de las personas que vivían en ese área, a quienes llamaron olmeca (Ōlmēcah). En idioma náhuatl azteca, eso significa "gente de goma". El nombre proviene del uso generalizado del caucho en la población de esa región. Aunque no existe una conexión real entre las civilizaciones que en diferentes momentos ocuparon el mismo territorio, el nombre perduró. Pero estamos casi seguros de que ellos no se llamaron a sí mismos olmeca.

Vale la pena mencionar que un poema en náhuatl, escrito mucho después de que los europeos llegaran a América, cuenta la historia de una tierra legendaria a orillas del "mar oriental". En el poema, esta tierra mítica, Tamoanchan, se estableció mucho antes de que los aztecas fundasen sus ciudades, en una época que nadie puede recordar. Y su dominio existió por un largo tiempo. Lo que es aún más intrigante acerca de este poema es que el nombre Tamoanchan no era de origen azteca, sino más bien maya; la palabra Tamoanchan significa "en la tierra de la lluvia o la niebla". Algunos historiadores creen que el corazón de la tierra de los olmecas fue descrito en el poema y que, en realidad, hablaban una variación del idioma maya. Pero otros no están de acuerdo, alegando que la lengua de los olmecas originales era realmente una forma arcaica de la lengua mixe-zoco, que todavía se habla en el área. Aunque la última teoría es ahora ampliamente aceptada, la verdad es que, debido a la falta de hallazgos arqueológicos, todavía no estamos seguros acerca de qué idioma exacto hablaron los olmecas.

Después de que los arqueólogos comenzaran a explorar los lugares olmecas más a fondo durante el siglo XX, descubrieron muchos sitios que podrían vincularse con la llamada gente de goma. Pero dos de ellos destacaron como las ciudades más grandes e importantes de los olmecas. La primera fue San Lorenzo, situada en la cuenca del río Coatzacoalcos. Las primeras señales de las comunidades humanas en esa ubicación a veces incluso datan de 1800 a.C., pero esos primeros asentamientos generalmente se consideran sociedades pre-civilizadas. El ascenso real de esta ciudad coincide con el surgimiento de la civilización olmeca, alrededor de 1400 a.C. Pero en el año 900 a.C., este sitio fue en su mayoría abandonado. El centro de poder y cultura olmeca se habían mudado en ese momento.

El segundo sitio arqueológico olmeca importante es La Venta, ubicado al noreste de San Lorenzo en la cuenca pantanosa del río Tonalá. Comenzó a surgir alrededor de 1200 a.C., pero, después de la caída de San Lorenzo, fue impulsado como el centro de la civilización olmeca. Se mantuvo como un bastión de los olmecas, siendo el hogar de algunas de sus creaciones arquitectónicas más importantes. Esta ciudad fue abandonada alrededor de 400 a.C., lo que también marcó el final de los olmecas (al menos en la forma en que los conocemos ahora). Por supuesto, estas no fueron las únicas ciudades. Hubo muchas otras, como Tres Zapotes, Laguna de Los Cerros y El Manatí, pero nunca lograron igualar la riqueza y el poder de San Lorenzo o La Venta. Para evitar cualquier malentendido, es importante tener en cuenta que estos nombres no son nombres olmecas, sino que fueron dados a los sitios por los arqueólogos que trabajan en estas ciudades de las inhóspitas selvas mesoamericanas.

A primera vista, incluso para el ojo entrenado de un historiador, la ubicación del corazón de la tierra de los olmecas podría parecer una mala elección para el comienzo de una civilización joven, ya que se encuentra entre densas selvas y pantanos, y con un clima húmedo. Pero cuando se tiene en cuenta que todas las ciudades principales estaban ubicadas cerca de los ríos, lo que proporcionaba un suelo fértil y un viaje más fácil, las cosas empiezan a tener mucho más sentido. Y, dando un paso atrás para ver una imagen geográfica más amplia, podemos observar que los olmecas estaban ubicados en una importante ruta comercial que conectaba regiones que más tarde engendraron a los aztecas y mayas. La ubicación de la civilización olmeca podría compararse con otras civilizaciones importantes, como los sumerios en Mesopotamia, los egipcios en las orillas del Nilo o la civilización bien definida del valle del Indo. La combinación de esos dos elementos esenciales explica por qué la civilización mesoamericana más antigua comenzó en ese lugar.

Estos pocos detalles amplios y vagos acerca de los olmecas que se dan en este capítulo solo sirven como introducción a esta civilización. Ahora es el momento de profundizar en la historia olmeca y, al igual que los arqueólogos e historiadores, obtener una respuesta más explícita a la pregunta planteada en este capítulo. Y, con suerte, al final de este libro, tendrá su propia impresión de quiénes fueron los olmecas.

# Capítulo 2 – Emergiendo de la Selva

Aunque la procedencia de los olmecas se desconoce en realidad, uno no debería pensar que las personas simplemente aparecieron mágicamente en las Américas o que evolucionaron por separado de los humanos en otros continentes. La teoría actualmente aceptada es que, durante la última Época Glacial, hace entre 30.000 y 10.000 años, los primeros humanos llegaron a América del Norte. Estos primeros hombres cruzaron un puente de tierra llamado Beringia que conectaba Alaska con las costas orientales de la actual Rusia. Otra teoría que es menos aceptada sostiene que los primeros colonos realmente viajaron en barcos a lo largo de la costa del Pacífico. No importa cuál es la teoría más cercana a la verdad, una cosa es cierta: las personas migraron lentamente hacia el sur hacia climas más cálidos y tierras más fértiles.

Alrededor de 8000 a.C., debido a los cambios en la temperatura y el nivel del mar que llegaron con el final de la Época Glacial, los primeros colonos en el México actual comenzaron a cambiar su estilo de vida. Comenzaron a incluir cada vez más las plantas domesticadas como su principal fuente de alimentos. Sin embargo, su organización tribal se mantuvo en un nivel bastante básico, más similar a la forma en que vemos a los humanos prehistóricos. El siguiente paso importante en el desarrollo de un estilo de vida más complejo ocurrió más o menos alrededor de 2000 a.C. Fue entonces cuando se estableció la vida en las aldeas. Era una forma de vida más organizada que la que habían estado llevado, un paso vital en el desarrollo de la vida civilizada en la región mesoamericana, ya que trajo crecimiento en la población y la producción de excedentes de alimentos, una necesidad para el desarrollo de una vida social y cultural más compleja. Esos cambios cruciales en la sociedad y el modo de vida llevaron al desarrollo de las artes, así como a la estratificación política y de clase de la mayoría de las sociedades mesoamericanas.

Al mismo tiempo, en circunstancias similares a todas las demás a su alrededor, los olmecas comenzaron a construir su civilización. Al principio, alrededor de 1800-1700 a.C., probablemente no eran muy diferentes a otras tribus que los rodeaban. Tenían algo similar a los cacicazgos, que tenían tanto poder como desarrollo cultural limitado. Pero para el año 1300, los olmecas, en su asentamiento de San Lorenzo, llegaron a niveles completamente nuevos de complejidad cultural. Viendo lo sofisticado que se volvió su arte, cuán majestuosas eran sus enormes estatuas y cuán grande creció la ciudad, los arqueólogos concluyeron que San Lorenzo no tenía comparación con ningún otro asentamiento en Mesoamérica en ese momento.

Además de ser increíblemente hermosos e intrigantes para los arqueólogos, estos magníficos proyectos de construcción de los olmecas en San Lorenzo muestran que tenían, al menos, una estratificación social y política básica, con un pequeño grupo de élites gobernantes y un gran grupo de personas comunes. Porque sin tener al menos un mínimo de organización social, tales esfuerzos serían prácticamente imposibles. Por supuesto, dado que no tenemos evidencia escrita, no podemos estar seguros de que no lograron desarrollar clases más finamente diversificadas y en qué medida su sociedad fue estratificada. Pero al observar esas impresionantes creaciones, es evidente que los gobernantes olmecas y la élite fueron capaces de movilizar a su población y obligarlos a trabajar en la construcción de maravillas arquitectónicas. Esto significaba que los líderes olmecas tenían más poder que sus semejantes de otras tribus que los rodeaban. De hecho, podría argumentarse que el poder que la clase dominante ejercía sobre su gente es, en realidad, el atributo más relevante que diferenciaba a los olmecas de otros pueblos mesoamericanos en ese momento.

*La estatua de cabeza colosal olmeca encontrada en San Lorenzo.*

Esa autoridad de la élite olmeca, que resultó ser vital para su desarrollo como civilización, probablemente se basó en las clases dominantes que controlaban las tierras fértiles cerca del río, de manera similar a la élite en el antiguo Egipto y Mesopotamia. Y, a diferencia de los cacicazgos vecinos, la élite olmeca también logró tomar el control de las negociaciones con sus vecinos. Eso permitió que la selección gobernante olmeca se convirtiera en la élite y obtuviera el mando de las clases más bajas, obligándoles a trabajar en proyectos públicos, como la construcción de templos y estatuas. Por supuesto, debe tenerse en cuenta que la adquisición de esta autoridad política y el control de la élite olmeca no ocurrió de la noche a la mañana, sino que fue un proceso lento que duró mucho tiempo.

Gracias a estos factores, el asentamiento olmeca en San Lorenzo logró mantener su dominio durante unos tres siglos, con su "Edad de Oro" que dura desde alrededor de 1200 a 900 a.C. Para el final de esa era, esta comenzó a declinar, perdiendo tanto poder como a sus habitantes. Se convirtió en un cascarón vacío de su gloria anterior. Los historiadores no están completamente seguros de lo que causó esta caída. Algunos piensan que podría deberse a problemas naturales, como enfermedades o malos años de cosecha. Otros creen que podría ser el resultado de una lucha interna por el poder o algún tipo de guerra civil. Hubo teorías de que una amenaza militar externa, ya sea de los vecinos de los olmecas o de otras tribus, logró poner de rodillas al asentamiento de San Lorenzo. La única cosa de la que los arqueólogos están seguros es que en el año 800 a.C., esta ciudad estaba prácticamente abandonada. Pero eso no marcó el final de todos los olmecas. Cuando San Lorenzo comenzó a desvanecerse, La Venta comenzó a levantarse. Y alrededor del 900 a.C. se convirtió en el nuevo centro de poder para los olmecas y toda Mesoamérica.

# Capítulo 3 – Desapareciendo en el olvido

Como suele ocurrir en la historia, cuando una ciudad o estado cae, otra se levanta para ocupar su lugar. En el caso de los olmecas, La Venta tomó el lugar de San Lorenzo como la ciudad olmeca más importante durante el siglo 10 a.C. Como se señaló en el capítulo anterior, probablemente no fue un cambio repentino, sino que sucedió gradualmente. Y bajo la supremacía de La Venta, la civilización olmeca alcanzó su punto máximo. Pero, a diferencia de San Lorenzo, el entorno pantanoso natural de La Venta no era del todo adecuado para la agricultura, lo que plantea el interrogante de qué fue lo que le dio a ese asentamiento la ventaja que necesitaba para convertirse en el nuevo centro de poder olmeca. Nuevamente, aquí es donde los historiadores no están de acuerdo. Una teoría sugiere que el río Tonalá tenía un curso diferente en aquel momento, por lo que los pantanos no eran tan dominantes en ese área. La otra teoría es que los olmecas de La Venta usaron tierras fértiles cercanas como fuente de alimento y trabajo a través de alguna forma de ocupación y explotación. Pero, teniendo en cuenta que los estudios arqueológicos mostraron que el área de La Venta se estableció ya en 1750 a.C., la primera opción parece más probable, ya que es más similar a lo que ocurrió con el asentamiento de San Lorenzo.

Por eso, no es sorprendente que La Venta haya basado su propia supremacía en una base similar a la de San Lorenzo, donde la élite olmeca tenía el control de la producción y el comercio agrícola. Pero también hubo una diferencia más importante. En cuanto a la evidencia arqueológica, los historiadores concluyeron que este asentamiento también sirvió como un centro religioso y ceremonial. Esto significaba que los gobernantes de La Venta tenían incluso más poder que sus predecesores, y que probablemente abarcaron un área mayor, ya que esto significaba que todos los olmecas que los rodeaban venían a La Venta, trayendo ofrendas a sus dioses y a los gobernantes de la ciudad. Con edificios y estatuas aún más monumentales que los de San Lorenzo, que mostraban su riqueza y poder, es claro que el asentamiento de La Venta alcanzó alturas mayores que cualquier ciudad en Mesoamérica en ese momento, y parece que tuvo mucho que ver con el aspecto religioso de la colonia.

Pero uno debería descartar este sitio como una ciudad puramente religiosa. Existe evidencia arqueológica de que era una ciudad próspera, con gente viviendo tanto en ella como en los asentamientos más pequeños a su alrededor. Y, dentro de esa gran cantidad de residentes, había más especialistas que en las antiguas sociedades olmecas. Además de los sacerdotes y artesanos que crearon las maravillosas piezas de arte por las que los olmecas son más conocidos hoy en día, hubo comerciantes, constructores e incluso indicaciones de profesionales orientados a las fuerzas armadas. Solo podemos adivinar cuántas profesiones más y obreros cualificados había en La Venta. Es importante señalar que lo más probable es que la estructura social olmeca no se limitaran solo a la élite gobernante y a los plebeyos trabajadores en este momento. Su sociedad probablemente se hizo más diversa según sus clases. A medida que su sociedad se volvía más compleja, la cultura olmeca también se volvía más sofisticada.

*Estatua de un cacique olmeca en La Venta.*

Gracias a esa complejidad y sofisticación de la sociedad olmeca, durante casi cinco siglos, La Venta logró mantener su dominio tanto en la civilización olmeca como en toda la región mesoamericana. Pero su poder finalmente comenzó a disminuir. Hacia 400 a.C., el asentamiento de La Venta comenzó a desaparecerse en el olvido. En el siglo siguiente, la ciudad fue prácticamente abandonada. A diferencia de San Lorenzo, los arqueólogos están seguros de que la caída de La Venta fue violenta, ya que encontraron indicios de una destrucción deliberada de monumentos y edificios. Aunque no están muy seguros de si el ataque provino de fuerzas externas o si fue una especie de levantamiento, la mayoría cree que fue una potencia extranjera la que invadió La Venta, ya que es muy poco probable que la población nacional destruya sus propios monumentos. Y aunque los olmecas abandonaron La Venta, la ciudad no pareció perder su importancia como centro cultural. Los arqueólogos encontraron ofrendas enterradas que datan de principios de la época colonial, que contienen productos como las aceitunas españolas. Esto significa que durante más de un milenio la gente regresó a este sitio para practicar sus rituales religiosos a pesar de que se olvidara quién lo construyó y con qué propósito exacto. Esta es quizás la mejor prueba de lo importantes y poderosos que fueron los olmecas y La Venta.

Sin embargo, esto no cambia el hecho de que en algún momento este asentamiento fuera abandonado. Cualquiera que fuera la causa exacta, con la caída de este centro olmeca, la civilización olmeca también llegó a su fin. Y al igual que no sabemos exactamente de dónde vinieron, no estamos seguros de a dónde fueron, o, para ser más precisos, de lo que les sucedió. Es probable que la mayoría simplemente se trasladara o se integrara a otras culturas, o alguna mezcla de ambos escenarios. Y la integración con diferentes culturas, que fueron tan influenciadas por la civilización olmeca en esta época, no fue una transición demasiado impactante para la mayoría de las personas. En última instancia, solo podemos estar seguros de que no desaparecieron mágicamente o de que fueron todos asesinados, ya que todavía existe una población nativa en el corazón de la tierra de los olmecas que habla un idioma que desciende de uno que, suponemos, hablaban los olmecas.

# Capítulo 4 - Arte Olmeca

Lo primero que descubrieron los arqueólogos sobre los olmecas fue su arte, por lo que parece ser un tema apropiado para comenzar nuestro viaje y comprender mejor su civilización. No hubo ningún descubrimiento innovador de esculturas olmecas u otras formas de arte que pusieran de manifiesto su cultura. Durante mucho tiempo, muchas esculturas más pequeñas y figuras talladas de los olmecas circulaban por los hallazgos arqueológicos y los antiguos mercados de arte. Pero la mayoría de los expertos pensaban que formaban parte de la civilización maya o azteca o, al menos, de alguna derivación de ellos. Entonces, no atrajeron mucha atención por sí solos. Sin embargo, todo eso cambió en la segunda mitad del siglo XIX cuando José Melgar y Serrano, uno de los exploradores mexicanos, encontró las ahora famosas cabezas colosales olmecas. Después de ese descubrimiento, los olmecas finalmente fueron reconocidos como una cultura individual y única. Al principio muchos pensaron que esta nueva civilización extraña floreció en el casi mismo período que los mayas y que tomaron algunos aspectos de la cultura maya que explicarían las similitudes entre ellos. Pero Matthew Sterling, arqueólogo del Instituto Smithsoniano, se opuso a estas teorías, argumentando que los olmecas eran antecesores a otros, como los mayas y los aztecas. La lucha entre las dos escuelas históricas de la historia mesoamericana finalmente se resolvió en la década de 1940 cuando el arqueólogo mexicano Alfonso Caso logró influenciar a la mayoría de la comunidad científica hacia el lado de

Sterling. Otras pruebas de datación por carbono, para consternación de muchos mayanistas, personas especializadas en la historia maya, dieron un apoyo más concluyente a la teoría de que los olmecas fueron una de las primeras civilizaciones mesoamericanas conocidas.

Las cabezas colosales que devolvieron a los olmecas el protagonismo de la historia se convirtieron con toda razón en el símbolo más conocido de su civilización y su arte. Aunque todas son bastante grandes, varían en tamaño, con un peso entre 6 y 50 toneladas y una altura de 1.6 a 3.5 metros (5.2 a 11.4 pies). Todas ellas fueron hechas de basalto extraído en la Sierra de los Tuxtlas de Veracruz, en el extremo norte de lo que ahora se considera el corazón de la tierra de los olmecas. Estas estatuas representan hombres maduros con rasgos de cara plana y labios gruesos, mejillas carnosas y con varios tipos de protección para la cabeza que se asemejan a los cascos de rugby actuales. Debido a esos cascos, algunos investigadores al principio pensaron que representaban a ganadores y campeones de algún juego de pelota mesoamericano, pero esa teoría ha sido en gran parte abandonada. Lo más probable es que representen a los gobernantes, considerando que fueron ellos quienes tuvieron suficiente poder para crear ese tipo de monumentos, que tardaron en ser tallados y trasladados al menos 50 años, según los investigadores. Además, el casco ahora se asocia generalmente con el simbolismo militar o ceremonial.

Una de las características más prominentes de estas cabezas enormes es el naturalismo, que es uno de los elementos básicos del arte olmeca en general. El naturalismo significa que el arte generalmente representa objetos reales con características naturales, aunque típicamente estilizadas. Los hombres representados en esas estatuas no parecen estar retratados en una imagen idealizada, sino más bien como los artistas los vieron. Algunos de ellos tienen un aspecto más serio, mientras que otros parecen estar relajados o incluso sonriendo. Debido a que se encontraron algunos rastros de pintura en ellos, existe la posibilidad real de que fueran de colores brillantes en el momento de su construcción. Por supuesto, con el paso del tiempo, las características del estilo artístico también comenzaron a cambiar un poco. Por lo tanto, a pesar de que son bastante similares en estilo, hay pequeñas diferencias entre las cabezas anteriores de San Lorenzo y las posteriores de La Venta. Las de San Lorenzo parecen estar más hábilmente ejecutadas y muestran un realismo más claro, mientras que las de La Venta muestran una tendencia hacia una forma de arte más estilizada.

En cuanto al tema de las cabezas colosales olmecas, hay un mito sobre ellas que debe ser desacreditado. Algunos investigadores, después de observar los labios gordos y otras características de estos monumentos, afirmaron que se parecían más a los africanos que a los mesoamericanos, y llegaron a la conclusión de que los olmecas eran de origen africano. Pero varios historiadores han demostrado que esto está equivocado. Al comparar estas estatuas con la población nativa actual que vive en el área, mostraron que las características de las caras de las cabezas colosales eran y siguen siendo comunes entre los indios mesoamericanos. Además, otros tipos de arte olmeca no representan esas características tan claramente o en gran medida. Los arqueólogos explican este hecho al afirmar que el basalto es un material con el que es difícil trabajar en comparación con otros materiales que usaron los olmecas. Es una sustancia más dura que solo permite tallados poco profundos, lo que obliga a los artistas a crear ciertas características en las caras que pueden no haber sido comunes entre la población olmeca. Dicho esto, la mayoría de la comunidad científica no está de acuerdo con esta teoría de descendencia africana olmeca, situándola en una categoría más de pseudohistoria.

Más allá de las icónicas cabezas colosales, los olmecas también crearon otros ejemplos de artes monumentales, tales como altares y estelas. Hechos de piedra, estaban decorados con hermosas tallas que mostraban la habilidad olmeca tanto en alto como en bajo relieve. La representación más común en estos monumentos era una persona mayor sosteniendo a un niño en su regazo. Aquí se ve cómo los olmecas difieren de la mayoría de las otras culturas en todo el mundo, ya que esta iconografía generalmente se conecta con un motivo madre-hijo. Pero en los relieves olmecas, siempre se muestra que la persona mayor tiene rasgos masculinos, lo que hace que descifrar el significado de estas tallas sea algo complicado. Algunos eruditos piensan que representan una conexión con la religión, mostrando representaciones de deidades. Otros se inclinan hacia un significado más dinástico, como el paso del poder de padre a hijo. Por supuesto, también había otros motivos tallados, como una representación más clara de gobernantes y sacerdotes, así como de guerreros y animales, entre los que destacan las serpientes y los jaguares. Casi todos ellos se crearon con el estilo naturalista que era tan común en el arte olmeca. Pero la característica más sorprendente de su arte es la capacidad del artista olmeca para capturar el movimiento en sus relieves. Tallar varias escenas en las que los sujetos están capturados en medio de una acción hace que su arte se sienta más enérgico.

Los olmecas, por supuesto, no solo produjeron piezas de arte monumentales. También son bastante conocidos por sus estatuas, pequeñas figurillas, celtas (herramientas con forma de hacha) y colgantes, todos realizados de diversos materiales, siendo los más bellos y finamente detallados hechos de jade y serpentina. Como estas piedras eran raras y preciosas, está claro que esas estatuas fueron hechas para las personas más ricas de la sociedad olmeca, probablemente la familia real. También hicieron efigies y pequeñas hachas para rituales que tenían un propósito más ceremonial que práctico, ya que nunca fueron lo suficientemente afiladas como para ser utilizadas. Todas estas formas de arte conservaron el distintivo estilo olmeca y estaban enraizadas en el naturalismo y el realismo. Este estilo no solo estaba ligado a las esculturas olmecas de varios tamaños, sino que también estaba representado en recipientes y vasijas hechas de arcilla. Tenían relieves intrincados que mostraban representaciones estilizadas de animales y plantas. En algunos casos, los recipientes eran incluso zoomorfos, con forma de animales.

Un paso más lejos de las características naturalistas y más hacia el tipo estilizado de arte olmeca son las pequeñas figurillas con cara de bebé. El nombre se explica por sí mismo, ya que las características principales de estas pequeñas estatuas son cuerpos regordetes, mejillas abultadas infantiles, ojos llorosos hinchados y cejas fruncidas. Estos bebés generalmente se posan sentados o acostados, imitando la forma en que los niños gatean y juegan en el suelo. Y aunque siempre se representan desnudos, no hay signos de género en ellos. Otra característica interesante de estas figurillas es que la mayoría de ellas tienen cascos en la cabeza, similares, sino idénticos, a los que coronaban las cabezas colosales. Con esto en mente, existe la posibilidad de que las esculturas con cara de bebé sean una representación de los hijos de los gobernantes, pero su verdadero propósito y significado iconográfico aún no se ha determinado.

Pero la excepción más prominente al naturalismo típico del arte olmeca son los motivos de los hombres-jaguares, en los que la forma humana se mezcla con las características de un jaguar. Y esos motivos fueron sorprendentemente bastante comunes para algo que consideramos como una excepción. Por lo general, se ven en esculturas donde los hombres-jaguares a menudo se representan como infantiles. Tienen cuerpos regordetes y facciones abultadas, pero también bocas que gruñen, encías desdentadas o colmillos largos. En algunos casos también tienen garras. Y al igual que las figurillas con cara de bebé antes mencionadas, tampoco presentaban género. Una de las composiciones más comunes que incluía a los hombre-jaguar bebés era la de una figura adulta más grande que sostenía al bebé con los brazos extendidos como si fuera presentado. Mirando algunos de los detalles más precisos, como sus cabezas usualmente hendidas y decoraciones en sus ropas, los arqueólogos vieron similitudes con la forma en que las civilizaciones mesoamericanas representaron a sus dioses, lo que los llevó a creer que los hombre-jaguares son una representación de un cierto ser divino, probablemente una deidad de lluvia. Pero al igual que todas las otras culturas mesoamericanas, los olmecas también creían en una serie de dioses, por lo que la pregunta sigue siendo por qué los hombres-jaguares eran tan frecuentes y las representaciones de otros dioses no lo eran.

*Una clásica escultura de hombre-jaguar de San Lorenzo.*

Otro tipo interesante de artefacto hecho en el distintivo estilo olmeca son las máscaras de jade. Tienen bocas asimétricas abiertas y caídas, anchas fosas nasales y ojos entrecerrados, lo que sugiere que son parte de la tradición olmeca. Sin embargo, los arqueólogos nunca han encontrado este tipo de máscaras en ningún lugar olmeca hasta el día de hoy, a pesar de que la mayoría de ellos fueron creados durante la era olmeca. Esto ha llevado a algunos investigadores a la hipótesis de que esas máscaras no fueron hechas por olmecas y solo fueron influenciadas por su estilo. Otros señalan que las máscaras de madera, hechas en los comienzos de la civilización olmeca, muestran claramente que tenían una larga tradición elaborando máscaras. Y piensan que es solo cuestión de tiempo hasta que los arqueólogos encuentren las máscaras de jade en un emplazamiento olmeca. Otro detalle interesante que rodea a estas máscaras es que una de ellas fue encontrada recientemente en una tumba azteca, a pesar de que la datación por carbono pone su fecha de creación alrededor del 500 a.C. Esto sugiere que estas máscaras fueron muy apreciadas a lo largo de la historia mesoamericana y es muy posible que sus sucesores las extrajeran de yacimientos olmecas.

Por supuesto, los olmecas hicieron muchos otros artefactos y obras de arte. Estos fueron solo algunos ejemplos de las representaciones más conocidas y notables de su estilo. Aunque la mayoría del arte olmeca del que hablamos en este capítulo estaba hecho de algún tipo de piedra, minerales preciosos o arcilla, los olmecas también usaron materiales como la tela y la madera para hacer su arte. Pero dado que esos otros materiales eran menos duraderos, casi no quedan rastros de ese tipo de artefactos. Y, a pesar de que hay muchas preguntas y controversias en torno al arte olmeca, como ocurre con toda su historia, no se puede negar su belleza, artesanía y su influencia en otras culturas mesoamericanas que vinieron después de los olmecas. Otro testimonio de la excelencia del arte olmeca es que, siglos después de su desaparición, otras civilizaciones vieron sus artefactos como obras de arte incalculables. Es por eso que fueron elogiados y reunidos, probablemente incluso intercambiados por civilizaciones posteriores. Además, algunas de las características y motivos olmecas fueron copiadas por artesanos de otras civilizaciones durante miles de años y ahora se han convertido en la marca de cómo imaginamos el arte mesoamericano. La influencia del arte olmeca en la sociedad mesoamericana puede ser paralela a la influencia del antiguo arte romano y griego en la sociedad europea posterior.

# Capítulo 5 - Los comerciantes olmecas

A pesar de que los arqueólogos han prestado más atención a su arte, el comercio fue una parte mucho más importante de la vida y la sociedad olmeca y jugó un papel crucial en su ascenso al poder. Es significativo observar que, aunque los olmecas fueron los primeros en alcanzar un nivel de desarrollo que asociamos con la vida civilizada, ciertamente no fueron la única sociedad compleja en Mesoamérica, especialmente en los últimos períodos de esta civilización. A su alrededor había muchos cacicazgos que variaban en desarrollo cultural y social, así como en riqueza y poder. Y, junto con los olmecas, crearon una red comercial que permitió no solo el transporte de materiales y recursos, sino también un intercambio de ideas y cultura. Pero surge la pregunta de cómo se diferenciaban los olmecas de sus vecinos; ¿qué les permitió usar el comercio para amasar riquezas mejor que otros?, ¿cómo fueron capaces de reunir fuerza e influencia a través del comercio y usarlo para desarrollar su cultura y florecer como civilización?

De hecho, estar situado en un epicentro comercial vital que conectaba las áreas ricas en recursos de la actual península de Yucatán y el centro de México fue indudablemente útil. Pero los historiadores también piensan que fue porque los olmecas probablemente estaban entre los primeros en utilizar el comercio a larga distancia en lugar de comerciar solo con los pueblos de sus alrededores más cercanos. Con una red comercial tan extendida, los olmecas pudieron comerciar por los mismos tipos de recursos con diferentes tribus, mientras que, al mismo tiempo, exportaron sus productos a numerosos compradores. Esa diversidad de socios comerciales lo más probable es que hiciera que su éxito en este campo fuera mejor y más fácil, haciendo su civilización más rica que ninguna otra en ese momento. Pero los arqueólogos piensan que los olmecas no comenzaron a comerciar para hacerse ricos. Creen que todo empezó porque su región fértil y rica en alimentos carecía de obsidiana, una roca volcánica similar al vidrio que era un recurso esencial para la agricultura y otras herramientas de trabajo, armas, objetos decorativos y muchas otras cosas. E incluso en las últimas etapas del desarrollo olmeca, parece que el núcleo de su comercio siguió siendo la necesidad básica de esa piedra preciosa.

Pero la obsidiana no era el único recurso que los olmecas necesitaban importar. A medida que el poder y la riqueza de su élite crecieron, también lo hizo su demanda de materiales necesarios para artículos de lujo. Es por eso que, en períodos posteriores, empezaron a importar mineral de hierro, serpentina, magnetita y, lo más importante, jade, al cual los olmecas accedieron al comerciar con los predecesores mayas en la Península de Yucatán y la actual Guatemala. El jade probablemente se convirtió en el mineral precioso más utilizado en la sociedad olmeca y se utilizó con más frecuencia para crear máscaras y figurillas. Usando eso como una conexión, algunos historiadores que se inclinan hacia las especulaciones y las teorías disparatadas idearon otra teoría sobre el origen de los olmecas, conectándolos con la antigua China, específicamente con la dinastía Shang (1600-1000 a.C.). Según esa teoría, los refugiados chinos cruzaron el Océano Pacífico para formar, o al menos influenciar, la creación de la civilización olmeca. Las principales conexiones entre las dos civilizaciones fueron su uso y alta consideración del jade y las similitudes entre las obras de arte olmeca y el arte chino que circularon en ese período. Por supuesto, estas especulaciones son rechazadas por la mayoría de los historiadores y arqueólogos mesoamericanos por considerarse una historia disparatada.

Al alejarse de los lujos, es interesante que no haya habido ningún rastro de alimentos importados en gran escala por los olmecas, ya que sus tierras eran lo suficientemente fértiles como para proveer a la población por su cuenta. Sin embargo, los olmecas sí comerciaron con la sal y el cacao. Aunque tenían acceso a la sal desde la costa del Golfo, parece que no fue suficiente para satisfacer sus necesidades, teniendo en cuenta que ampliaron su red de comercio de sal en muchas direcciones: en el sur, hacia la actual Guatemala, en el oeste, hacia la costa del Pacífico de Oaxaca, y en el norte, al plano central de México, que luego fue habitado por los aztecas. También existe la posibilidad de que los comerciantes olmecas no solo estuvieran transportando sal para usar en su tierra natal, sino que también la vendieran a otras tribus, actuando como intermediarios en el comercio de sal. De esta forma, la sal se convirtió no solo en un producto importante y fundamental para mantener la vida, sino también en un valioso recurso estratégico necesario para el comercio. El cacao, por otro lado, era más un artículo de lujo que llegó a los olmecas desde el sur, desde lo que hoy es Honduras. Habrá una explicación más detallada del uso y la importancia del cacao en la sociedad olmeca en uno de los siguientes capítulos.

Otros productos que comercializaron fueron también pieles de animales y plumas de animales exóticos. La élite olmeca las usó para propósitos ceremoniales y como un signo de su posición. De hecho, cuando combinamos todos los elementos enumerados que adquirieron los comerciantes olmecas, podemos ver que la mayor parte de su importación se centró en las necesidades de las clases superiores. Esto podría explicarse en cierta medida por el hecho de que la clase baja podía encontrar la mayoría de las cosas que necesitaban para sobrevivir en el corazón de la tierra de los olmecas. Y también explica por qué el comercio fue en su mayoría beneficioso para la élite, mientras que los plebeyos vieron pocas ganancias directas. Por supuesto, debemos tener en cuenta que la riqueza extra que se trajo a la sociedad olmeca también benefició a toda la población a largo plazo, ya que fue una de las principales fuerzas impulsoras del desarrollo de su civilización. Por lo tanto, podría decirse que las partes no pertenecientes a la élite de la sociedad tenían al menos algún tipo de beneficio indirecto del desarrollo del comercio, a pesar de que los bienes importados a sus tierras no estaban destinados para su uso.

Hasta ahora, hemos visto qué productos trajeron los olmecas a su país. Pero también tenían mucho que ofrecer a cambio. Como ya sabemos, la región olmeca era bastante fértil, con varios tipos de alimentos, como la calabaza, frijoles, mandioca, camote y, sobre todo, maíz. No solo eso, sino que vivían cerca del océano y de los grandes ríos, donde tenían acceso a los peces, otro importante grupo alimenticio. Por lo tanto, es razonable suponer que estos alimentos fueron uno de los primeros recursos que ofrecieron a sus socios comerciales, ya que fue el primer paso para establecer su red de comercio por la que son famosos ahora - en las primeras etapas de su civilización y su comercio. Claramente, la comida era la base del comercio olmeca. Cabe destacar que, a principios de la era olmeca, el alcance de su comercio todavía se limitaba a la vecindad local, comerciando solo con sus vecinos inmediatos. Los olmecas tardaron un tiempo en desarrollar esta parte significativa de su economía, lo que les permitió avanzar más allá del comercio básico de alimentos.

Aunque la comida probablemente siguió siendo una parte esencial de su comercio, incluso en los períodos posteriores, a medida que la civilización olmeca se desarrolló, también lo hicieron las habilidades de sus diversos artesanos. Y dado que parecían ser los primeros en alcanzar un cierto nivel de complejidad y delicadeza, también se dieron cuenta de que otros podrían estar interesados en los productos que sus artesanos podían ofrecer. Entonces, en períodos posteriores, los comerciantes olmecas comenzaron a exportar sus creaciones artesanales y artísticas. Estas variaban desde figurillas rituales y máscaras, a varias cerámicas que tenían tanto uso estético como práctico, hasta ropa y herramientas de la vida cotidiana. Como las artesanías no eran tan comunes, especialmente durante la supremacía de San Lorenzo, eran aún más valiosas, dando a los comerciantes olmecas una gran ventaja en el comercio con los demás. Crear estos productos a partir de las materias primas que importaron y exportarlos a precios más altos permitió a los olmecas acumular riqueza rápidamente. De hecho, podríamos establecer un paralelismo entre los antiguos olmecas y la era industrial de Gran Bretaña. Ambas potencias utilizaron sus avances técnicos y su conocimiento para transformar las materias primas importadas en productos terminados que luego cambiarían por precios mucho más altos, obteniendo un beneficio considerable. Pero los olmecas también tenían algo más que exportar además de la artesanía y la comida.

Aunque los olmecas carecían de muchos recursos naturales además de los alimentos, su región era rica en árboles que se utilizaban para producir caucho primitivo. Los olmecas fueron, como era de esperar, los primeros en comenzar a cosechar la savia natural del árbol de Hevea para elaborar un material parecido al caucho. No es de extrañar que los comerciantes olmecas lo utilizaran como una parte importante de sus exportaciones, debido tanto a la escasez del producto como a las numerosas aplicaciones para las que podría ser utilizado. Podemos suponer que el caucho era un producto valioso en ese momento, y es cierto que jugó un papel importante en el prestigio y la prosperidad de los comerciantes olmecas. Ese prestigio también era importante para ellos para dar el siguiente paso en la utilización de su red comercial, asumiendo el papel de intermediarios. Pudieron asumir este papel en parte debido a su ubicación geográfica, pero también porque se les consideró como comerciantes fiables gracias a su reputación. Y este tipo de comercio es probablemente el más rentable, ya que no requiere de ningún esfuerzo en la creación de un producto, y trae ganancia pura. Por supuesto, el papel de un intermediario comercial no era algo que los comerciantes olmecas pudieran hacer desde el principio. Solo después de haber establecido su extensa red comercial, conexiones y reputación pudieron cumplir con esta parte tan rentable del comercio.

Pero queda una última pieza del rompecabezas que añade una razón más por la cual los olmecas fueron unos comerciantes tan exitosos, y que les dio ventaja sobre sus competidores. Esta era el monopolio en el comercio. Es cierto que la chispa inicial que encendió el furioso fuego del comercio olmeca fue su posición geográfica, lo que les permitió comerciar con casi toda Mesoamérica. Pero, lo que era más importante, tenían el monopolio de los artículos que comercializaban. Tenían los mejores artesanos cuyos productos, hábilmente elaborados, no tuvieron competidores durante mucho tiempo, y el caucho único que era distintivo de su región. Es cierto, sin embargo, que los olmecas carecían de obsidiana, jade, sal y otros recursos que deberían haberlos puesto en pie de igualdad con otros cacicazgos y tribus. Pero ese no fue el caso porque muchas tribus diferentes tenían los mismos recursos que los olmecas necesitaban. Eso significaba que podían elegir diferentes socios comerciales según las necesidades y circunstancias que tuvieran. Por otro lado, esas tribus no tenían otra opción que comerciar con ellos por los artículos únicos que los olmecas tenían para ofrecer. Ese es el último componente crucial para el éxito de los comerciantes olmecas.

# Capítulo 6 - Los Olmecas y Sus Vecinos

Debería haber quedado claro ahora que los olmecas no estaban solos en las selvas y llanuras de Mesoamérica. Incluso en las primeras partes de la formación y desarrollo de su civilización, estuvieron rodeados de muchos otros asentamientos, tribus y pueblos. Los olmecas no solo prosperaron gracias a su comercio con estos vecinos, sino que también acogieron el poder que llegó con la riqueza que acumularon y la influencia que provenía de su prestigio. Esos factores se convirtieron en instrumentos para el surgimiento de su sociedad desde la oscuridad hasta el mundo civilizado. Pero sería imprudente pensar que las relaciones de comercio, sin importar cuán importante era para ellos, fuesen las únicas relaciones que tenían con las tribus vecinas. Sin embargo, todavía no está claro hasta el día de hoy cuál era la naturaleza exacta de estas interacciones y conexiones. Sin ninguna evidencia clara, existe la posibilidad de que surjan teorías inciertas. Pero, como ya se ha mencionado, ese hecho no debería detenernos en la búsqueda de la historia olmeca.

Los arqueólogos comenzaron a cuestionar las relaciones que los olmecas tenían con otras tribus desde los primeros días que comenzaron a explorar la civilización e historia olmeca. Partiendo del hecho de que muchos artefactos de estilo olmeca se encontraron en una amplia zona de Mesoamérica, los primeros investigadores de los olmecas llegaron a la conclusión natural de que, al menos en algún momento, hubo una clara supremacía de esa civilización en toda la región. Los arqueólogos teorizaron que el número de sus artefactos encontrados en asentamientos lejos del corazón de la tierra de los olmecas significaba que controlaban directamente esos asentamientos. Eso los llevó a pensar que los olmecas tenían una especie de imperio, similar al que tenían los romanos en el Mediterráneo. Pero, a mediados del siglo XX, con nuevas excavaciones y hallazgos arqueológicos, esta teoría se volvió menos atractiva para los historiadores como evidencia que corroboraba que este planteamiento era casi inexistente. Con la falta de pruebas de cualquier tipo, quedó claro que los olmecas no lograron unificar a Mesoamérica en un gran imperio.

Sin embargo, los historiadores no pudieron desechar esta idea por completo. En sus mentes, los signos de la supremacía olmeca todavía estaban allí, ya que todos sus artefactos estaban dispersos por la región. Por lo tanto, algunos de ellos pensaron que, si los olmecas no dominaban Mesoamérica con su control directo, debían haber establecido colonias con sus vecinos. O bien las élites locales se mantuvieron en el poder, dando su respeto y tributos a sus maestros olmecas, similares a los vasallos medievales. O fueron eliminados y sustituidos por los funcionarios olmecas como lo hicieron los europeos con sus colonias en el siglo XIX. Esta regla más indirecta también podría explicar la amplia área de su supremacía, ya que en ambos tipos de gobierno colonial los lugareños habrían intentado replicar el arte olmeca y tendrían estrechos vínculos comerciales con los mismos olmecas. Eso explicaría todos los artefactos encontrados. Pero, como con la teoría anterior de un gran imperio mesoamericano, esto también fue más o menos rechazado por la mayoría de los historiadores en los últimos años. La razón es la misma: no hay una base clara para ello en los hallazgos arqueológicos. La idea más ampliamente respaldada actualmente es que la supremacía olmeca estaba enraizada solo en su cultura y comercio, sin ningún sometimiento forzoso de sus vecinos.

La explicación de todos los hallazgos arqueológicos de artefactos olmecas y de estilo olmeca diseminados por Mesoamérica, en asentamientos no olmecas, se basó menos en la violencia y la fuerza. Por una vez, los historiadores finalmente aceptaron la posibilidad de que la red comercial olmeca fuera tan vasta y estuviera tan bien conectada que sus artesanías podrían haber llegado mucho más lejos de lo que hubieran pensado. Además, con el reconocimiento de su éxito comercial y el reconocimiento de su calidad artesanal, los historiadores ahora creen que sus productos se buscarían entre sus vecinos como un signo de prestigio, como artículos de lujo. Y la explicación de los artefactos que no fueron fabricados por los olmecas, sino que estaban hechos al estilo olmeca, puede ser bastante simple. Los artesanos locales intentaron copiar su trabajo como arte olmeca, y dado que las manualidades eran un signo de alto estatus, incluso las "imitaciones" podrían ser valiosas, ya que no todos podían permitirse la obra original olmeca. Ahora incluso hay algunas teorías de que los olmecas estaban de alguna manera exportando también a sus artesanos, lo que significa que los gobernantes y élites de otros cacicazgos que tenían suficiente riqueza y poder podían contratar artesanos olmecas con el fin de crear arte para ellos. Ahora se ha vuelto más evidente que el gobierno olmeca estaba más localizado en el corazón de la tierra de los olmecas.

Pero saber que los olmecas solo estaban gobernando sobre su propia región es solo una respuesta parcial a la pregunta relacionada con la naturaleza de la relación que tenían con sus vecinos. A partir de nuevas pruebas encontradas tanto en sitios olmecas como no olmecas en toda Mesoamérica, los historiadores ahora piensan que las relaciones entre los cacicazgos y las tribus estaban más igualadas e interconectadas de lo que se pensaba antes. Esto fue definitivamente cierto en la era posterior de la civilización olmeca cuando las culturas circundantes lograron ponerse al día con ellos en su nivel de desarrollo. Eso permitió relaciones diplomáticas más complicadas entre los olmecas y sus vecinos. Un ejemplo de este aumento en la sofisticación de la diplomacia tribal se encuentra en el sitio arqueológico de Chalcatzingo, en el Valle de Morelos, ubicado en la parte sur de las tierras altas centrales del México actual. Ese lugar fue colonizado por una tribu anónima desde el año 1500 a.C., pero se mantuvo en un nivel bastante bajo de desarrollo hasta el año 900 a.C., cuando entraron en contacto con los olmecas y comenzaron a emular su estilo. Alcanzaron la cima de su poder entre 700 y 500 a.C., en el momento de la supremacía de La Venta. Con la gran cantidad de productos olmecas encontrados en Chalcatzingo, los arqueólogos han llegado a la conclusión de que tenían una estrecha relación entre sí, y también creyeron que había una alianza entre ellos que, probablemente, se fortaleció con un matrimonio.

Las conexiones y la diplomacia entre los olmecas y sus vecinos seguramente también fueron fomentadas por las visitas personales y las conexiones entre los gobernantes y los miembros de la élite. Estas acciones ciertamente ayudaron a los olmecas a forjar buenas relaciones con las tribus vecinas. Esto no debería ser una gran sorpresa teniendo en cuenta que el comercio era controlado por las clases altas de la mayoría de las culturas y civilizaciones en la era primitiva de la historia mesoamericana. De ahí podemos extraer claramente que la columna vertebral de las relaciones diplomáticas era, de hecho, el comercio. Y el beneficio parece ser la razón más probable por la cual todas las élites se esforzaron por políticas vecinas más bien pacíficas y buenas, ya que la guerra significaba que el comercio se detendría y que sería malo para todas las partes involucradas. Incluso se podría afirmar que los gobernantes de estos cacicazgos, incluidos los olmecas, pensaban más como mercaderes que generales. Por supuesto, a pesar de que los olmecas parecen ser una sociedad de comerciantes, en general amantes de la paz, no necesariamente significa que no recurrieran a la violencia y la agresión hacia algunas aldeas más pequeñas a su alrededor para imponerles un acuerdo diplomático o comercial u ofrecerles protección de otros cacicazgos o incluso de los propios olmecas.

Después de todo, si no había una amenaza externa, ¿por qué una tribu o un estado crearía alianzas con sus vecinos? Además, algunos historiadores también especulan que los olmecas usaron su poder militar y su influencia diplomática para interferir en la política local de algunas tribus y asentamientos más pequeños. De esa manera podrían favorecer a la élite local que los beneficiaría a ellos más y a su comercio aún más. Esta es una evidencia más de la complicada naturaleza de la diplomacia olmeca y sus relaciones con otras tribus mesoamericanas.

Cabe señalar que todas las posibilidades mencionadas en este capítulo son en la actualidad especulaciones y teorías basadas en evidencia escasa, de modo que la verdadera naturaleza de las relaciones intertribales y la diplomacia olmeca permanecen envueltas en el velo del misterio. Al menos hasta que alguna nueva evidencia arroje más luz sobre esto. Y, aunque algunas teorías son más probables que otras, la comunidad histórica no puede estar completamente de acuerdo con ellas. Por lo tanto, la cuestión de cómo exactamente los olmecas interactúan con sus vecinos permanece abierta por el momento, pero, sin embargo, es una pieza esencial del rompecabezas en la historia olmeca.

# Capítulo 7 - Ejército Olmeca

En el capítulo anterior, se demostró que los olmecas no eran una sociedad expansionista y sedienta de sangre, sino más bien buscadores de riquezas y comerciantes amantes de la paz que evitaban ir a la guerra. Pero eso no debería llevar a la conclusión de que no tenían soldados ni armas. Incluso en las civilizaciones no violentas, tenía que haber algún tipo de ejército para protegerse de las amenazas e invasores extranjeros, especialmente si eran tan ricos como los olmecas. Algunos historiadores trataron de explicar la falta de fortificaciones defensivas y muros alrededor de los asentamientos olmecas como una señal de que no estaban amenazados en su feudo y por ellos concluyeron que el ejército olmeca en realidad no existía. Pero, después de más investigaciones, los arqueólogos encontraron evidencia que confirma que los olmecas tenían algún tipo de ejército, aunque todavía se debaten los detalles exactos sobre él.

Al igual que en la mayoría de las civilizaciones antiguas en todo el mundo, el ejército en la sociedad olmeca estaba vinculado a la élite y la clase dominante. Esto es más obvio en su arte, ya que los gobernantes a menudo se representaban usando cascos y llevando varios tipos de armas. Los que se oponen a la idea de la existencia de los ejércitos olmecas trataron de explicar este arte sugiriendo que esas armas y armaduras tenían un propósito más ceremonial y religioso, en lugar de práctico. Y es probable que el equipamiento militar tuviera cierta importancia ritual y fuera una señal de poder y prestigio. Pero otra evidencia sugiere que el equipamiento fue utilizado para algo más que su simbolismo. Por un lado, en algunas representaciones artísticas, los gobernantes olmecas están acompañados por hombres desnudos y atados. Estos probablemente fueron prisioneros de algún tipo de labor militar, ya que se encontraron los huesos quemados en algunas fosas de enterramiento. Se ha sugerido que eran restos de forasteros, ya que los olmecas enterraban a sus muertos. También es probable que creyeran, como la mayoría de las otras civilizaciones mesoamericanas, que la quema del cuerpo condenaría el alma del difunto. Entonces, para algunos historiadores, la explicación lógica de por qué un grupo grande de hombres adultos sería profanado así podría justificarse si fueran prisioneros de guerra, capturados durante una batalla por la élite gobernante.

Estas representaciones artísticas muestran claramente que los olmecas tenían un ejército real y que estaba en manos de la clase superior. Sin embargo, la falta de evidencia escrita limita nuestra comprensión de los detalles de cómo funcionaban exactamente sus ejércitos. Es por eso que, tal vez, la mejor fuente para una comprensión más profunda de este tema proviene de las armas olmecas que se encontraron en los yacimientos arqueológicos. En el período inicial de San Lorenzo, las armas más comúnmente usadas eran lanzas de madera templadas por fuego, que eran primitivas e ineficientes. Por lo tanto, es probable que se usaran principalmente para cazar en lugar de para la guerra. Pero, a medida que el asentamiento comenzó su edad de oro y expansión comercial alrededor de 1150 a.C., los olmecas también adoptaron una innovación importante en su equipamiento militar. Empezaron a usar puntas de obsidiana en sus lanzas, lo que las hizo más afiladas, con bordes más largos que también podrían usarse para cortar y apuñalar. A juzgar por algunas esculturas de ese período, los olmecas también adoptaron el uso de palos y mazas, que son tipos de armas de impacto más primitivas. Este es un paso importante, ya que, por primera vez, las armas se fabricaron con una aplicación exclusivamente marcial y no eran meras adaptaciones de las herramientas utilitarias cotidianas. Y, como con muchas otras cosas, podría argumentarse que los olmecas fueron los primeros en dar ese salto, dándoles una ventaja en la carrera armamentista de la antigua Mesoamérica.

*Un rey olmeca sosteniendo un arma parecida a una maza.*

Además de esas armas cuerpo a cuerpo, hay evidencia de que los olmecas también arrojaban lanzas y propulsores, que son unas herramientas para lanzar jabalina muy comunes en la región mesoamericana. Pero su uso parece ser limitado, ya que serían ineficaces en las luchas contra los invasores y en peleas más pequeñas, que probablemente fueron el tipo más común de batallas a los que se enfrentaron los olmecas. Además, el suministro de proyectiles se agotaría rápidamente, dejándolos completamente inútiles, especialmente en conflictos que están más alejados de su feudo. Pero probablemente más interesante es el hecho de que los olmecas no usaban ningún tipo de armadura. Sus soldados generalmente se representan sin ningún equipo de protección en sus cuerpos, a excepción de los cascos. Y los arqueólogos piensan que esos cascos probablemente eran más un símbolo de estatus que una protección funcional para la cabeza. No solo eso, sino que los guerreros olmecas nunca fueron representados llevando un escudo. Algunos historiadores creen que la razón detrás de esto es que necesitaban movilidad extra en el combate cuerpo a cuerpo, mientras que otros piensan que su tecnología aún no era lo suficientemente avanzada como para construir una armadura que ofreciera suficiente protección y, al mismo tiempo, no pesara demasiado. Algunos incluso argumentan que las armaduras en general no serían útiles contra los oponentes que utilizaban tácticas de ataque y retirada, que probablemente fueran el tipo más común de adversarios que los olmecas confrontaban. El uso de armadura se extendió por Mesoamérica solo cuando la mayoría de los ejércitos se volvieron más convencionales en su naturaleza, pero, en ese momento, los olmecas ya habían desaparecido en el olvido.

Sin embargo, los olmecas ofrecieron una contribución militar crucial más antes de desaparecer. Y esta fue la creación de otra arma nueva, un tirachinas, que apareció entre los olmecas durante el dominio de La Venta. Los arqueólogos no están seguros de si realmente fueron ellos quienes lo crearon o si lo adoptaron de alguna otra tribu, pero, a partir de la evidencia arqueológica que se encuentra diseminada por Mesoamérica, los historiadores creen que el tirachinas se extendió por toda la región gracias a los olmecas. En ese momento, era el arma de largo alcance más superior de la región. A diferencia del lanzamiento de jabalina, su munición era menos probable que se agotara, ya que se podían transportar pequeños proyectiles de piedra en grandes cantidades. Y podían reponerse prácticamente en todas partes, incluso en una expedición lejos de casa. Los tirachinas también tenían una velocidad de disparo mucho más alta que las lanzas. Sin embargo, la mayor ventaja de un tirachinas era su alcance, que, en el mejor de los casos, era de hasta 500 metros (aproximadamente 550 yardas). Cuando tenemos en cuenta que los soldados mesoamericanos no estaban equipados con ningún tipo de armadura, un impacto de un solo proyectil de tirachinas podía ser bastante dañino, si no mortal, de aterrizar en el lugar correcto. Esta nueva arma dio una ventaja a las fuerzas olmecas tanto en acciones ofensivas como defensivas, y los historiadores piensan que también fue bastante útil contra las incursiones de ataque y retirada en caravanas mercantes.

El desarrollo del tirachinas seguramente cambió la estrategia militar que usaron los olmecas. Pero solo podemos dar conjeturas sobre la táctica exacta que podrían haber usado los guerreros olmecas porque no hay evidencia al respecto, ni siquiera en estatuas y tallados. La pregunta principal es si usaron algún tipo de formación cohesiva. De otros ejemplos alrededor del mundo, se sabe que los ejércitos que usaron armas de impacto como los olmecas a menudo tenían al menos algún tipo de formación simple que permitía al soldado centrarse en el enemigo frente a él mientras sus compañeros guerreros protegían sus costados y espalda. Es posible que los olmecas utilizaran una formación táctica simple que permitiera esto, pero la mayoría de los historiadores militares piensan que no es probable. Por un lado, sus oponentes no tenían ejércitos organizados y, muy probablemente, usaban estrategias de guerrilla, por lo que los olmecas no podían utilizar las ventajas de la formación táctica. Además, el hecho de que ya tenían una superioridad técnica significaba que los olmecas no tenían que preocuparse por aprender nuevas formas de guerra. Además, las formaciones requieren al menos algún tipo de entrenamiento militar. Y no hay evidencia convincente para eso. Por lo tanto, es mucho más probable que las batallas se libraran más en una escala individual. Comenzarían como una confrontación masiva entre dos ejércitos, pero, debido a la falta de tácticas organizadas, la lucha se dividiría en duelos entre dos soldados. Pero con la creación del tirachinas, es posible que se desarrollara un tipo de táctica primitiva donde los proyectiles primero fueran disparados en voleas y luego comenzara el combate cuerpo a cuerpo.

Además de las tácticas utilizadas, el tamaño del ejército olmeca también es un tema importante e interesante. Como la población olmeca total no era realmente tan alta, alcanzando la cantidad aproximada de trescientos mil en el corazón de su tierra según las estimaciones más optimistas, sus ejércitos no serían tampoco tan grandes. El segundo factor limitante fue el uso de nuevos tipos de armas. Requirió un poco de entrenamiento especializado para que un soldado dominara el arma en particular, y la gente común no podía solo desarrollar habilidades militares a partir de un uso utilitario de las herramientas. Esto significa que la guerra se convirtió en el negocio de la élite, que podía permitirse el lujo de ganar experiencia militar. La gente común jugó solo un papel secundario en el ejército. Con eso en mente, el ejército más grande posible que los olmecas podrían crear, al menos en teoría, podía constituirse de alrededor de cinco mil hombres. Y eso es si consideramos a todo el corazón de la tierra de los olmecas como la fuente para levantar el ejército, lo cual también era muy poco probable, ya que no existe evidencia de que los olmecas estuvieran unidos en un solo estado. En realidad, sus ejércitos eran mucho más pequeños que eso. Una razón más para justificar el número limitado de tropas olmecas era la necesidad de desarrollar la logística necesaria para mantener un ejército de mayor tamaño durante un período más prolongado o en una campaña de larga distancia. Esa era un área en la que, por muy avanzada que estuviera la sociedad olmeca, no era lo suficientemente eficiente.

Considerar todos estos hechos nos lleva a la conclusión de que la verdadera naturaleza del ejército olmeca estaba mayormente relacionada con las caravanas comerciales armadas. Por un lado, tanto los comerciantes como los guerreros provenían de la clase de la élite y, probablemente, realizaban ambas tareas al mismo tiempo. En segundo lugar, se trataba más bien de partidos pequeños cuyo principal objetivo era proteger los bienes. En tercer lugar, sus equipos y tácticas no fueron diseñados para batallas a gran escala, sino más bien para pequeños combates contra bandidos e invasores. En última instancia, el papel del ejército olmeca era protector, no expansionista. Pero se mantuvo lo suficientemente poderoso como para influir en sus socios comerciales y vecinos con la imagen de su fortaleza y capacidades. Con esa influencia, los olmecas pudieron expandir y mantener su red de comercio, haciendo que las élites locales de otras tribus estuvieran más dispuestas a cooperar con ellos, proporcionando un comercio más seguro que antes. Al final, incluso los militares giraron y evolucionaron en torno al comercio, que parece ser la columna vertebral de toda la civilización olmeca.

# Capítulo 8 - Los Olmecas en Casa

Hasta ahora, nos hemos centrado más en cómo los olmecas interactuaban con sus vecinos y tribus circundantes. Pero ahora es el momento de hacer la pregunta de cómo estaba estructurada la vida y la sociedad de los olmecas. Estas preguntas son importantes para comprender a los olmecas y su historia. Especialmente considerando que la historia de la gente común a menudo se descuida involuntariamente en la historia antigua porque no era la fuerza motriz detrás de los eventos históricos sustanciales, lo que significa que dejaron menos rastro de evidencia detrás de ellos. Esta es la razón por la cual en este capítulo trataremos de descubrir tantos detalles acerca de los plebeyos olmecas como nos permitan los hallazgos arqueológicos.

La primera pregunta importante sobre los olmecas comunes es qué hacían para ganarse la vida, ya que sabemos que la élite se encargaba del comercio y las fuerzas armadas. No debería ser una gran sorpresa que, como la mayoría de los otros plebeyos en el mundo antiguo, las clases más bajas de la sociedad olmeca fueran principalmente agricultores trabajando en campos que se encontraban fuera de sus aldeas. Como mencionamos antes, cultivaban maíz, calabaza, frijoles, camote y mandioca. Además de los granjeros, había pescadores, que pescaban tanto en los ríos como en la Costa del Golfo, que traían pescados, cangrejos, tortugas, serpientes y mariscos. Como los mesoamericanos no desarrollaron el pastoreo hasta que llegaron los europeos, todavía tenían cazadores que les proporcionaban carne para complementar la dieta de vegetales y frutas. Cazaban conejos, zarigüeyas, mapaches, pecaríes (también conocidos como puercos de monte) e incluso venados. Además, cazaban pájaros también. Cabe mencionar que esos animales no eran utilizados solo por su carne, sino también por sus pieles y plumas, que se usaban en diversos productos y artesanías hechas por artesanos. Estas profesiones fueron la base de la sociedad olmeca sobre la que se construyeron todas las demás. Pero ellos fueron los estratos menos influyentes y, de alguna manera, estaban explotados y controlados por la clase de la élite que cogió los frutos de su trabajo para sí mismos y, al mismo tiempo, los hizo trabajar en su gran proyecto.

La gente común, en la mayoría de los casos, no vivía en las ciudades centrales como San Lorenzo o La Venta. En cambio, vivían en las aldeas que las rodeaban. Los pueblos comunes eran bastante pequeños, con chozas de madera dispersas y, en algunos casos, si el pueblo era lo suficientemente grande, incluso había un pequeño templo. Por lo general, buscaban terrenos más altos para construir sus aldeas y alrededor de ellos estaban los campos en los que trabajaban la mayoría. Por supuesto, sus casas de madera eran bastante modestas y pequeñas. Pero, generalmente, tenían un jardín cercano que se usaba para cultivar y para cocinar hierbas medicinales que necesitaban para la vida cotidiana. Además, la mayoría de ellos tenía cerca al menos un pozo de almacenamiento excavado que utilizaban para conservar alimentos, similar a la función de una bodega. Pero sus vidas gravitaron hacia el centro de la ciudad a la que estaba asociada su aldea, ya que eran los verdaderos centros sociales, políticos, económicos y religiosos de la sociedad olmeca donde vivía la élite. La naturaleza verdadera de la relación élite-plebeyos es desconocida para nosotros. No podemos estar seguros de si los aldeanos o la clase más alta eran propietarios de la tierra, ni de si los plebeyos pagaban tributos y, de hacerlo, cómo exactamente lo hacían. Y si pagaban, ¿cómo justificaba la élite los impuestos? ¿Pagaban por el uso de la tierra o por protección, ya fuera por ataques externos o por las élites mismas? ¿Estaba la subordinación de los plebeyos enraizada en la religión? Todo esto y mucho más aún nos es desconocido, y, en este momento, lo único que podemos hacer es simplemente suponer.

Otra clase distintiva, en un amplio sentido de la palabra, eran los artesanos, tanto aquellos que crearon las maravillosas piezas del arte olmeca, como los que crearon herramientas y armas, los constructores, etc. Probablemente residieron tanto en pueblos como en centros urbanos, pero ciertamente más en estos últimos. En una escala social, probablemente estaban un nivel por encima de los agricultores, ya que su trabajo involucraba mano de obra cualificada. Y, lo que es más importante, sus productos y artesanía fueron requeridos por la élite, lo que los hizo un poco más valiosos, especialmente considerando que eran menos numerosos que los granjeros. Mientras que algunos de ellos podían acceder a una forma de vida acogedora si eran realmente buenos en su oficio, de ninguna manera se situaban cerca de la élite. Ni siquiera podemos compararlos con la clase media de nuestro tiempo. Los artesanos definitivamente eran todavía una clase baja, no muy cercana a la élite, quienes muy probablemente los incluyeran en el grupo de los granjeros. Es por eso que la élite no tuvo problemas para explotar sus productos para su propio beneficio, como lo hicieron con los agricultores. Aunque, como hemos visto por la idea de exportar artesanos, si un artesano mostraba un nivel de habilidad lo suficientemente alto, podía obtener un considerable nivel de respeto de la clase superior, lo que claramente no era posible para los agricultores.

Se desconocen otros detalles sobre la vida cotidiana de los olmecas de clase más baja. Lo que podemos afirmar con cierto grado de certeza es que no había escuelas, ya que ni siquiera hay indicios de ello entre los hallazgos arqueológicos. Ni siquiera en los círculos de élite. Cualquier educación que obtuvieran provenía de sus familias y vecinos. La vida cultural y religiosa se centró en las ciudades, así como el comercio. Por lo tanto, los plebeyos de las aldeas vecinas tenían que viajar a las ciudades si querían participar en esas esferas de la vida. Además, al observar la escala de edificios y monumentos en los centros de las ciudades, podemos suponer que la élite tenía una forma particular de movilizar a los aldeanos para que participaran en esos grandes proyectos públicos. Algunos historiadores piensan que se hizo mediante el uso de la religión, mientras que otros lo asocian al uso de la fuerza. Otra posibilidad es que, como en algunas otras civilizaciones antiguas en todo el mundo, el trabajo público fuera una de las formas de pagar impuestos. Pero no todo era tan gris para los plebeyos olmecas. Como vivían en relativa paz, tenían vidas tranquilas, aunque muy trabajadoras. Cuando esto se compara con algunos otros ejemplos en la historia, no fue tan malo.

Otra parte de la vida cotidiana de los olmecas, que es bastante poco importante en comparación con otras de las que hemos hablado, aunque bastante interesante, es la ropa que usaban. Y, a diferencia de la mayoría de los otros temas, gracias a la evidencia arqueológica, podemos hablar del asunto con cierto rigor. Para los hombres, lo más común era llevar un simple taparrabos, generalmente sin ninguna decoración. Esto no es sorprendente teniendo en cuenta el clima cálido en el que vivían los olmecas. En algunos casos, sin embargo, usaban túnicas o mantos, muy probablemente en algunas ocasiones especiales, como ceremonias y rituales religiosos. Las mujeres también se vestían de forma bastante simple, usando solo vestidos y cinturones. Como la evidencia de esto yace en los tallados en piedra y otras formas de arte, ya que no se ha conservado ningún tejido real, solo podemos dar conjeturas sobre el material exacto con el que se hizo la ropa olmeca. Los candidatos más probables son el algodón y posiblemente, en algunos casos, el cuero. También parece que estos tipos de ropa eran los mismos tanto para la élite como para los plebeyos, con la diferencia de la calidad de los textiles y algunas sencillas decoraciones y colores.

*Un tallado de una mujer olmeca.*

Ahora bien, esto no significa que usted no pueda diferenciar a un miembro de la élite de un plebeyo si los ve uno al lado del otro. La distinción más grande y más obvia entre estas dos clases sería los tocados que usaba la élite. A diferencia de otros tipos de ropa, estos eran complejos y adornados con varias decoraciones como cuentas, plumas de pájaros y flecos. La suposición es que los ejemplos más grandes y majestuosos que se muestran en el arte olmeca estaban reservados para las ceremonias, mientras que en la vida cotidiana usaban algo que sería más similar a un simple turbante. También es bastante interesante observar que hay representaciones de sombreros con alas, que son bastante poco comunes en la Mesoamérica precolombina. La élite olmeca también se refleja comúnmente en el arte con varios adornos y joyas en ellos. Estos variaban desde clavijas para la nariz y las orejas, hasta pulseras y tobilleras, incluidos colgantes y collares. Estas piezas de joyería generalmente estaban hechas de jade y otras piedras preciosas, con la posibilidad de que, en algunos casos, los menos ricos las fabricaran con otros materiales perecederos como la madera.

Por desgracia, es hora de desviar nuestra atención de la historia divertida y emocionante de la moda y las baratijas para centrarnos en temas más serios. Tenemos que examinar los roles que jugó la élite olmeca en la vida cotidiana. Eran una clara minoría en la sociedad, como las élites que generalmente se encuentran en todas las culturas del mundo. Vivían casi exclusivamente en los centros de las ciudades, como Tres Zapotes o La Venta, donde disfrutaban de todos los beneficios de ser la clase dominante. Sus casas eran más grandes, construidas con materiales más duraderos que la madera y decoradas con varias piezas de arte. Y, a diferencia de las clases más bajas, no tenían que trabajar tan duro, y hasta se podría suponer que tenían sirvientes de algún tipo, aunque no hay indicios claros de esclavitud. Teniendo en cuenta que en las últimas culturas mesoamericanas la esclavitud no era común ni había desempeñado un papel importante, podemos suponer que tampoco era una parte importante de la sociedad olmeca. Otro beneficio de ser miembro de la élite era viajar. Gracias al comercio, no solo fueron capaces de acumular riqueza, sino que también viajaron por toda la región, lo cual no era algo que los plebeyos hicieran mucho. Con más tiempo libre, los miembros de la élite podían centrarse más en ceremonias religiosas, fiestas y también en aprender nuevas habilidades importantes. Considerando todo eso, sus vidas parecían ser bastante despreocupadas, con la única preocupación de cómo mostrar mejor su poder y riqueza y reafirmar su lugar en la cima de la jerarquía social.

Este es un buen momento para repetir una vez más que el poder de la élite sobre los plebeyos estaba arraigado en el control que ejercían sobre tres pilares: la religión, el comercio y el ejército. Con el desarrollo de armas más sofisticadas, el poder militar de la élite creció sustancialmente, porque, por un lado, solo la élite sabía cómo usarlas de manera competente. Además, esos nuevos tipos de armas eran algo que un agricultor común no podía permitirse. Como resultado, la élite olmeca se volvió distintivamente más fuerte que la clase baja. Eso hizo que la mayoría de las rebeliones de los plebeyos fueran inútiles. Y, a medida que el comercio crecía, se hacía más difícil para un plebeyo entrar en los círculos de comerciantes, si no imposible. Además, la riqueza permitió a la élite amasar más influencia y poder. Por ejemplo, hizo posible la conexión con las élites de otras tribus, lo que amplió su dominio político. Y como los ricos tuvieron más tiempo para practicar sus habilidades de lucha, la élite también expandió su dominio militar.

El último segmento, la religión, es donde las cosas se vuelven un poco menos claras. No podemos estar seguros de cómo y cuándo la élite asumió este poder. Algunos especulan que comenzó mucho antes de que los olmecas comenzaran a desarrollar su civilización. En aquellos tiempos, cuando los antepasados olmecas se pasaron a la agricultura por primera vez, cierto grupo de personas o individuos pudieron haber ganado un nivel de experiencia en el calendario. Con esa habilidad, podrían haber ayudado con la cosecha de alimentos, lo cual, a ojos de los demás, sería como si estuvieran hablando con los dioses a través de los cielos. O los primeros líderes religiosos vinieron de los primeros líderes militares que lograron victorias que beneficiaron a toda la comunidad y fueron considerados como mágicos. Otra posibilidad es que obtuvieran su reconocimiento divino cuando pudieron movilizar a otras poblaciones comunes para construir templos y santuarios.

Cualquiera que fuera la raíz de esto, es seguro que la élite olmeca tenía un papel religioso dogmático en su sociedad, lo cual no era poco común. Simplemente podemos volver nuestra mirada hacia el antiguo Egipto para establecer una comparación, donde el faraón era un dios en la tierra. Algunos han teorizado que los caciques olmecas tenían la misma justificación divina para su gobierno, pero esto es incierto. Con estas características en mente, algunos historiadores han tratado de etiquetar el gobierno de la élite olmeca como una forma de teocracia militar. Con eso se abrió el debate sobre si los olmecas habían desarrollado un estado o no. En este debate, hay dos bandos. Uno afirma que la sociedad olmeca no se difundió lo suficiente, con solo dos clases sociales, y que el dominio de la élite no estaba lo suficientemente definido. Con eso, querían decir que la élite no desarrolló un mecanismo de lo que creemos que es un gobierno apropiado. Esa parte de la comunidad de historiadores está más dispuesta a etiquetar el gobierno olmeca como un cacicazgo, que se ve como un tipo de autoridad de transición que evolucionó desde tribus igualitarias de la época prehistórica hacia un estado completamente desarrollado. El lado opuesto apunta a los principales proyectos públicos como prueba del firme control que la élite ejerció sobre las masas. La gran complejidad de la cultura olmeca es más que suficiente para que los historiadores concluyan que los olmecas sí tenían un estado. Pero no importa cómo lo etiqueten los historiadores, la autoridad de la élite era más o menos absoluta.

En cuanto al tema del dominio olmeca en su feudo, también hay una pregunta importante que debe ser respondida: ¿estaban los olmecas unidos en un solo estado/cacicazgo? Algunos historiadores creen que tenían que estarlo para lograr tal éxito, tanto en la difusión de su cultura como en el comercio. La falta de fortificaciones defensivas y signos de serias batallas en el corazón de la tierra de los olmecas indican que vivieron en paz los unos con los otros (también se esperaría alguna forma de enfrentamiento militar si no hubiera una unidad política entre ellos). Pero, por otro lado, no hay indicaciones claras de que los principales centros urbanos estuvieran de alguna manera conectados políticamente. La conexión a través de la cultura es evidente, pero volviendo a la antigua Grecia y a los mayas, uno puede ver que compartir una cultura no significa necesariamente un estado unificado. Es por eso que algunos historiadores tienden a creer la idea de que los olmecas se dividieron en varias ciudades-estado más pequeñas. Evidentemente, los lazos estrechos entre esas ciudades-estado podrían identificarse como la alianza entre las élites, posiblemente incluso con matrimonios arreglados. Y si esas alianzas estuvieran interconectadas, también existe la posibilidad de que los olmecas tuvieran incluso una especie de asociación de ciudades-estado. La conexión de ese tipo les ayudaría a presentar un frente más unificado hacia todos sus vecinos, ayudándoles con el comercio. Al mismo tiempo, la asociación ayudaría a mantener la paz entre las ciudades-estado, explicando la falta de fortificaciones.

# Capítulo 9 - Religión y Creencias de los Olmecas

Como se dijo en capítulos anteriores, la religión desempeñó un papel esencial en la sociedad olmeca. Fue una fuente que legitimó el mando de las élites. Y hemos visto que los centros de las ciudades también se usaron como centros ceremoniales y religiosos. Esta posición les dio un enorme prestigio y atrajo multitudes de otros asentamientos para venir y rendir sus respetos con ofrendas y oraciones. Pero, ¿cómo se estructuraba la religión de los olmecas? ¿En qué creyeron? Afortunadamente para nosotros, los olmecas nos dejaron huellas en su arte, así como en las religiones de sus sucesores, los mayas y los aztecas. Aunque no tenemos el conocimiento exacto de sus rituales, tenemos una idea general de en qué creyeron.

Se ha aceptado generalmente que los gobernantes olmecas desempeñaron una parte importante, si no central, en las prácticas religiosas. Incluso pueden haber sido considerados como una representación de dios(es) en la tierra. Junto a ellos, también había sacerdotes a tiempo completo, cuya única preocupación era mantener los rituales, realizar ceremonias y apaciguar a los dioses. Estaban casi indudablemente conectados con los templos, como en otras civilizaciones antiguas. Uno de sus trabajos como sacerdotes también era conectarse con los poderes espirituales a través de diversas disciplinas, como la meditación, el ayuno e incluso autolesiones ritualistas. Algunos estudiosos incluso llegan a afirmar que los olmecas también practicaron sacrificios humanos, a pesar de que no hay pruebas contundentes de ello. Es posible que el ritual de autolesionarse de los olmecas fuera un trampolín hacia el sacrificio humano de las culturas mesoamericanas posteriores. Pero es evidente que la religión estaba mayoritariamente centralizada y giraba alrededor de los templos en los principales centros de las ciudades.

Posiblemente, hay una última figura religiosa en la sociedad olmeca, y ese es el chamán. Probablemente eran residuos de la religión no organizada de sus antepasados, vinculados más con los plebeyos. Y, a diferencia de los sacerdotes, es probable que cada pueblo y comunidad tuvieran uno. Se desconocen sus prácticas exactas, pero después de observar a otros pueblos indígenas de las Américas, los eruditos piensan que probablemente se centraban en alterar el estado mental humano con alucinógenos, tratando de trascender la conciencia humana y conectarse con animales como el jaguar. Es por eso que algunos arqueólogos piensan que llevaban máscaras que representaban el hombre-jaguar, una mezcla de humano y jaguar, que, como ya sabemos, era un motivo común en el arte olmeca. Algunos también vinculan a estos chamanes con astrónomos y astrólogos, o incluso posiblemente con los curanderos. Pero está claro que se centraron en ayudar a su comunidad en la vida cotidiana.

Basándonos en la evidencia que tenemos, los chamanes eran algo opuestos a los sacerdotes de la ciudad. Los sacerdotes se centraban en las cuestiones más amplias de la religión, encargadas de complacer a los dioses, practicar ceremonias y dar y recibir las ofrendas. Su papel estaba en el esquema más grandioso del universo. Los chamanes, por otro lado, no se centraban en orar a los dioses tanto como tratar de entender e interpretar su acción. Se centraban en problemas más pequeños que a gran escala no eran tan importantes para toda la sociedad olmeca. Pero jugaron un papel importante en las comunidades locales. Podemos suponer que, a medida que la civilización olmeca se hacía más fuerte y se desarrollaba más, el equilibrio entre chamanes y sacerdotes cambió. Al principio eran igualmente importantes, al menos para la gente común. Pero, en períodos posteriores, cuando los sacerdotes adquirieron sus grandes templos y ganaron más autoridad, así como el monopolio de los asuntos religiosos, la importancia y el prestigio de los chamanes disminuyeron. Es algo que es común para todas las civilizaciones tempranas del mundo durante el proceso de avanzar hacia lo que hoy llamamos religión organizada.

Tras haber tratado el tema de los rituales y la ceremonia, ahora nos toca ver en qué y en quien creían los olmecas. Sabemos que fueron politeístas, que creyeron en una serie de dioses, aunque no sabemos sus nombres exactos. Su visión del universo era a través de la energía y el espiritualismo vinculados estrechamente con los animales. Eso es evidente por el hecho de que sus dioses tenían formas de diferentes animales, a veces incluso mezclados con humanos o con otros animales. Sus roles exactos como dioses son una cuestión de especulación, pero, ciertamente, estaban vinculados a diversos fenómenos naturales que eran esenciales para preservar la vida, como el sol o la lluvia. Como se mencionó anteriormente, el hombre-jaguar fue el más representado en el arte olmeca, lo que llevó a muchos arqueólogos primitivos a reconocerlo como la deidad más importante de los olmecas. Pero, recientemente, más eruditos lo ven como a un igual en el panteón olmeca de los dioses. El papel más ampliamente aceptado del hombre-jaguar es como el de la deidad de la lluvia, pero algunos también lo vinculan con la conquista militar y/o sexual. Es cierto que el jaguar era un animal que jugó un papel importante en la vida de los olmecas. Era un depredador feroz, que cazaba tanto de día como de noche, lo que daba la sensación de poder natural. También parecía representar la unificación de tres elementos: agua, aire y tierra. Ese simbolismo proviene del hecho de que vivían en la selva, donde se sentían cómodos caminando por el suelo, nadando en los ríos y trepando hasta los árboles. Es posible que los olmecas quisieran emular esa energía y es por eso que la veneraron tanto.

Otra deidad importante era la serpiente emplumada o con penacho. Esta iconografía puede ser reconocible para aquellos que han oído hablar de Quetzalcoatl de los aztecas o Kukulkan de los mayas. Muchos especulan que estas dos culturas adoptaron esta deidad de la tradición olmeca. De estas sociedades posteriores, sabemos que respetaron a la serpiente emplumada como al creador de la humanidad, así como a un héroe que desempeñó un papel mesiánico, prometiendo llevar a los humanos a un futuro mejor. Curiosamente, fue capaz de turnar sus roles entre un dios, un héroe humano y un mito intangible. Incluso su mezcla de serpiente y ave representaba su importante dualismo y capacidad de cambio. Un pájaro representaba más atributos divinos. Debido a que puede volar puede estar cerca del cielo. Y el vuelo era una representación de sus virtudes divinas. Pero una serpiente representaba atributos más sencillos, menos virtuosos y más humanos. La razón de ese tipo de simbolismo era el hecho de que la serpiente se arrastraba por el suelo y la tierra, lejos de la divinidad del cielo. Ese dualismo representaba la idea de transformación e inconsistencia en la vida. Pero, al mismo tiempo, estar constantemente a su alrededor representaba algunos aspectos más permanentes de la vida que no pueden transformarse tan fácilmente. Aunque es evidente que reverenciaron a este dios, su importancia para la cultura olmeca es incierta. Como en algunas civilizaciones mesoamericanas posteriores, la deidad de la serpiente emplumada era la más significativa en el panteón, que incluso estaba divinamente vinculada con los gobernantes, por lo que algunos pensaron que también era importante para los olmecas. Es por eso que, en los períodos más tempranos de la investigación olmeca, algunos arqueólogos creían que los gobernantes olmecas se identificaban con este dios en particular. Pero ahora no todos están tan convencidos, ya que esta deidad no es tan frecuente en el arte olmeca, y no hay signos de su prestigio entre otros dioses.

*La representación más antigua de serpiente emplumada en Mesoamérica encontrada en La Venta.*

Había muchos otros dioses también dentro del panteón olmeca. Había una deidad del maíz que comúnmente se representa con una hendidura en la cabeza, con el maíz brotando de ella. En algunos casos, también gruñía como un jaguar, mostrando una vez más la misteriosa conexión que los olmecas tenían con este animal. Por lo general, a la par del dios del maíz está el dios del agua, que parece un hombre-jaguar bebé. El dios del agua estaba conectado a toda el agua, incluidos los lagos y ríos. Parecen estar emparejados porque el maíz y el agua fueron la fuente de supervivencia de los olmecas. También reverenciaron a un tiburón antropomórfico o criatura de pez. Es reconocible por sus ojos en forma de media luna y un diente de tiburón. Algunos piensan que era el dios del inframundo. Otra deidad importante era el llamado dragón olmeca, que es un dios de aspecto de cocodrilo, al que se le añadían ocasionalmente rasgos de humano, jaguar o águila. Parece que representaba a la tierra y la fertilidad. Como tal, estaba conectado a la agricultura, la fertilidad y el fuego. Por supuesto, hay más dioses que los eruditos aún no han identificado o señalado, pero estos ejemplos parecen ser los más importantes.

Pero el nivel de su importancia para la sociedad olmeca aún no es del todo cierto. Algunos eruditos anteriores incluso dudaron sobre si estas eran representaciones verdaderas de los dioses en los que los olmecas creían, aunque esa es la teoría actualmente aceptada. Las conexiones de las deidades y sus roles son, en algunos casos, conjeturas basadas en conexiones con culturas posteriores y sus religiones. Incluso sus lazos mutuos son inciertos. Sin embargo, el mayor misterio de las creencias olmecas sigue siendo el asunto del hombre-jaguar y su importancia para los olmecas. Pero no importa cuál sea la verdad detrás de estos seres sobrenaturales que fueron un motivo tan importante del arte olmeca y su foco de reverencia, una cosa es cierta: sus creencias religiosas formaban un sistema complejo y estructuralizado. Y de la capacidad de compararlos con deidades similares de otras civilizaciones mesoamericanas posteriores, así como del hecho de que algunos de sus santuarios fueron adorados por personas mucho después de que se hubieran marchado, los eruditos concluyeron que las creencias olmecas se convirtieron en la base de otros que habitaban la misma región. Aunque esto no debería ser una sorpresa, en la antigüedad, los dioses se compartían entre las civilizaciones como cualquier otra idea.

# Capítulo 10 - Innovación Cultural de los Olmecas

Se ha mencionado en muchos lugares cómo los olmecas pudieron influir en sus sucesores de numerosas maneras, creando una base de la cultura mesoamericana en su conjunto, desde las redes comerciales y un gobierno teocrático hasta la religión y el arte. Esa fue una hazaña notable por sí misma. Pero también parecen ser responsables de bastantes innovaciones culturales importantes que, en períodos posteriores, se convirtieron en las mismas cosas que la mayoría de la gente identifica con la Mesoamérica precolombina. Y algunos de estos aún son inconfundiblemente parte de la cultura mesoamericana actual. Estas innovaciones culturales son probablemente las mismas cosas que justifican la idea de que los olmecas son la cultura madre de todas las demás en la región mesoamericana, lo cual es otra prueba de su poder e influencia.

Arquitectónicamente hablando, probablemente los edificios más icónicos que se contemplan en las culturas mesoamericanas son las pirámides. Solo un poco menos famosas que las pirámides encontradas en Egipto, estas creaciones mesoamericanas han estado en el foco tanto de eruditos como de turistas durante mucho tiempo. Pero la mayoría de personas las asocian primero con mayas y aztecas. De hecho, han construido algunas de las piezas más impresionantes, pero, como ocurre con muchas otras cosas, solo han perfeccionado algo que los olmecas comenzaron. Una de las pirámides más antiguas y más grandes, al menos en el momento de su construcción, se encuentra en La Venta. En realidad se la considera como la estructura central de todo el asentamiento. Hoy, después de 2500 años de erosión, lo único que queda de ella es un montículo, ya que fue construida con arcilla que tiene una forma ligeramente cónica. Al principio, hizo que los arqueólogos pensaran que fue construida deliberadamente de esa manera para imitar las montañas cercanas. Pero estudios recientes han demostrado que eran similares a las pirámides de sus sucesores. Cuando aún se alzaba en su forma original, era una pirámide propiamente rectangular con lados escalonados y esquinas incrustadas. Al tener 34 metros (110 pies) de altura, era el edificio más grande de ese asentamiento, y tal vez incluso de todo el mundo olmeca. Es por eso que los arqueólogos lo han bautizado acertadamente "La Gran Pirámide".

El uso real de las pirámides en la civilización olmeca todavía se debate. En un lado del debate se sitúan los eruditos que piensan que estas pirámides son templos, al igual que las pirámides mayas y aztecas. Creen que los olmecas las construyeron para estar más cerca del cielo y los dioses cuando realizan rituales y ceremonias religiosas. En el otro lado del debate, la teoría menos popular sugiere que eran tumbas, como las del antiguo Egipto. La evidencia que respalda esto es el hecho de que un estudio de un magnetómetro encontró una anomalía muy por debajo de un estimado de 100.000 metros cúbicos (3.5 millones de pies cúbicos) de tierra que llena la Gran Pirámide. Especulan que podría ser un lugar de descanso de un gobernante importante. Otra evidencia que respalda esta teoría es el hecho de que los arqueólogos han encontrado túmulos funerarios con formas similares que son considerados como precursores de las pirámides. Aunque eso puede ser cierto, la pregunta sigue siendo: ¿por qué una tumba sería el foco central de toda la ciudad? Algunos investigadores explican que la anomalía es simplemente un subproducto no intencional del proceso de construcción o una ofrenda construida sobre la base del templo para complacer a los dioses. Cualquiera que sea la verdadera función de las pirámides en la sociedad olmeca, el hecho es que estuvieron entre los primeros en construirlas y, a través de su influencia, fueron cruciales para difundirlas por toda la región.

*Lo que queda de la Gran pirámide en La Venta.*

Las pirámides han desaparecido prácticamente de las culturas mesoamericanas. Pero otra innovación olmeca estaba tan entrelazada con la vida cotidiana que sus rastros podrían estar conectadas con el hecho de que uno de los deportes más populares en esta región es el fútbol (soccer). Eso no debería sorprender, teniendo en cuenta que en la época precolombina jugaban un juego de pelota mesoamericano, que es bastante similar al fútbol, y cuyos primeros signos se pueden encontrar en los yacimientos olmecas. El juego se jugó en casi todas las civilizaciones de Mesoamérica, pero con las reglas y los detalles exactos que varían de una cultura a otra y de un período de tiempo a otro. Incluso hoy en día, en ciertas áreas de México, la gente todavía juega un juego llamado Ulama, que proviene de la versión azteca del juego. La característica universal de todas las variaciones del juego era la pelota de goma con la que se jugaba, aunque variaba en tamaño. Las pelotas de goma más antiguas provenían de El Manatí, un asentamiento cercano a San Lorenzo. Estas pelotas fueron fechadas alrededor del 1600 a.c. Otra evidencia también corrobora esta idea, como la cantidad de figuritas de peloteros encontradas en San Lorenzo, desde 1200 a.C. El hecho de que las pelotas se encontraran en un pantano de sacrificio y que cerca de él los arqueólogos encontraran un "yugo", que es una estatua en forma de letra U al revés, hecha de piedra. Eso, que usualmente está conectado con el juego de pelota mesoamericano, llevó a los eruditos a concluir que estas pelotas no eran solo una ofrenda de sacrificio. Por el contrario, creen que el juego se jugó cerca del sitio en una especie de ritual religioso de algún tipo.

La evidencia encontrada en las culturas que vinieron después de los olmecas confirma que el juego era de naturaleza religiosa y recreativa. Era una parte esencial de la vida de la ciudad, normalmente practicado en canchas especiales construidas exclusivamente para el juego. Y si bien la importancia de este juego en la vida social de la región es indudable, existe un gran debate sobre otro aspecto de la misma. Se trata de la posibilidad de que el sacrificio humano fuese parte del juego de pelota mesoamericano. Comúnmente se considera que en la sociedad maya el juego terminaba con el bando perdedor, o al menos su capitán, siendo asesinado ritualmente. Algunas teorías incluso vinculan esto con el juego que se utilizaba para resolver agravios municipales y conflictos entre ciudades. Pero, hasta ahora, no se han encontrado pruebas en los yacimientos olmecas, lo que lleva a los expertos a creer que jugaron una versión más pacífica del juego. Sin embargo, su simbolismo e importancia religiosa en la sociedad olmeca es cierta. Pero todavía se cuestiona cómo exactamente estaba conectado a sus creencias. Como se jugó con dos equipos compitiendo entre sí, algunos lo ven como una representación ritual de la lucha del día y la noche o la vida y el inframundo. Otros concluyeron que la pelota representa tanto el sol, que es más probable, como la luna. Y se suponía que los aros de puntuación, a través de los cuales supuestamente debía pasar la pelota por un punto, representaban equinoccios, amaneceres o puestas de sol. La última conexión posible es la fertilidad, ya que algunas de las figuras del jugador de pelota del período se encontraron adornadas con símbolos de maíz. Y algunas de esas figurillas parecen ser representaciones de mujeres. Ambos están a menudo conectados con la fertilidad en el mundo olmeca, así como en otras culturas mesoamericanas.

Hay otra innovación cultural que seguramente está conectada con la fertilidad, y ese es el calendario mesoamericano de Cuenta larga, popularmente conocido como el calendario maya. La característica más llamativa de ese calendario es que gira en torno a los ciclos. El ciclo más corto es K'in, un solo día, mientras que la mayoría de las medidas se detienen en el quinto ciclo, B'ak'tun, que tiene aproximadamente 394 largos años. Curiosamente, el ciclo más largo encontrado es el noveno, llamado Alautun, que es un poco más de sesenta y tres mil años. Esa naturaleza cíclica del calendario mesoamericano hizo creer a mucha gente que el final de un ciclo significaba el fin del mundo, lo que condujo al frenesí de los medios en 2012 sobre el apocalipsis. Por supuesto, esa idea errónea del final del mundo surgió tras realizar una interpretación incorrecta de un antiguo texto maya que mencionaba que un viejo mundo termina y surge uno nuevo, lo que significa que comienza un nuevo ciclo después del final del decimotercer B'ak'tun, que terminó el 21 de diciembre de 2012. Por otro lado, el punto de partida de este calendario es 3114 a.C., cuando se traduce a nuestro calendario. Por eso se considera que los mesoamericanos creían que el mundo en el que vivían se creó en esa fecha. Pero, en este punto, debe señalarse que este calendario no fue de creación maya; se utilizó en toda la región, y varios hallazgos arqueológicos relacionados con el calendario mesoamericano de Cuenta larga preceden a los mayas por varios siglos. Y algunos de los primeros descubrimientos están relacionados con los olmecas.

Uno de los calendarios más antiguos se encontró en el yacimiento de Tres Zapotes, que se encuentra en el corazón de la tierra de los olmecas y que durante algún tiempo formó parte de la civilización olmeca. Pero también es uno de los pocos asentamientos más grandes que sobrevivió a la civilización olmeca tal como lo vemos hoy en día. El calendario encontrado en ese sitio data aproximadamente del 32 a.C., que es anterior al ascenso de los mayas en al menos 300 años. Pero como se encontró en el asentamiento que en algún momento fue parte de la cultura olmeca, algunos lo ven como una conexión directa con esa civilización. Se han encontrado otros dos calendarios de la misma edad en la costa del Pacífico guatemalteco y en el estado mexicano sureño de Chiapas. Ambos son similares en edad al encontrado en Tres Zapotes. Su vínculo con los olmecas es más indirecto. Estos calendarios estaban decorados al estilo olmeca, no al estilo mayas, pero también estaban en muchos otros aspectos muy alejados de los olmecas. El mayor problema con esta teoría del calendario mesoamericano de origen olmeca es el hecho de que todos estos calendarios fueron creados unos 300 años después de que la civilización olmeca se hubiera marchitado, pero ese no es el último clavo en el ataúd, ya que podría haber algunos calendarios más antiguos que todavía no se hayan encontrado. Y sus lazos indirectos con los olmecas son incuestionables. Al mirar otras innovaciones importantes y avances culturales que se derivaron de esta civilización, combinados con esta evidencia circunstancial, no es tan improbable que fueran los olmecas los primeros en crear el calendario, o al menos crear la base para ello. Pero hasta ahora, la mayoría de los eruditos tienden a dejar abierta la pregunta del origen del calendario mesoamericano hasta que se encuentren pruebas más concretas.

El calendario mesoamericano parece bastante extraño para casi toda la gente hoy en día porque la mayoría está acostumbrada al sistema de conteo de la base 10, también conocido como el sistema decimal, que se usa hoy en todos los sistemas de medición. Por otro lado, los mesoamericanos usaron la base 20 en matemáticas. La excepción para este uso es el tercer ciclo, que fue de 360 días, y se basó en el número 18, que lo más probable se correspondería más o menos con la longitud de un año solar. Pero uno de los hechos más interesantes relacionados con el calendario de la cuenta larga es el uso del cero. Ese número se considera generalmente como un paso esencial en el desarrollo cultural y científico, ya que es un signo de pensamiento intelectual desarrollado y también tiene una aplicación práctica en muchos ámbitos de la vida. Cuando los mesoamericanos necesitaron representar la ausencia de un número, usaron un glifo similar a un caparazón, que, en esencia, era un símbolo para la nada, matemáticamente hablando un cero. La invención mesoamericana del cero ocurrió al menos unos pocos cientos de años antes de que los árabes y los hindúes lo introdujeran. Y, si conectamos la invención del calendario Cuenta Larga con los olmecas, podrían convertirse en los primeros en usar el concepto de cero. Por supuesto, esta afirmación está directamente relacionada con el debate sobre si el calendario mesoamericano era realmente un calendario olmeca.

Otro acalorado debate sobre las contribuciones de los olmecas es si habían desarrollado la escritura, que se considera fundamental para formar una civilización exitosa. Una placa de piedra encontrada cerca de San Lorenzo, llamada el Bloque Cascajal, contiene 62 glifos. Algunos de estos símbolos se parecen al maíz, las piñas, los insectos y los peces, mientras que otros parecen ser más abstractos, ya que parecen cajas y manchas. Esto, para algunos eruditos, representa claramente un sistema de escritura, incluso siendo así de rudimentario. Y, como estaba fechado entre el 1100 y el 900 a.C., muestra que los olmecas habían logrado una alfabetización básica mucho antes que otros en Mesoamérica, con la escritura no olmeca más antigua datada alrededor del 500 a.C. Pero como con todos los demás aspectos de la civilización olmeca, este es también un tema debatido. Para algunos arqueólogos, estos símbolos son demasiado desorganizados, sin muchas similitudes con otros sistemas de escritura mesoamericanos. Entonces, en lugar de un ejemplo de escritura, sugieren que estos glifos podrían tener un significado individual y no están respectivamente conectados en un significado superior. Y si no están conectados, entonces son solo una compilación de símbolos, no un lenguaje escrito. Y algunos de ellos son similares a los símbolos que se encuentran en algunas piezas de arte olmeca, donde se han descrito como puramente decorativos. Esto también podría indicar que el Bloque Cascajal podría tener alguna función ornamental en lugar de un uso práctico de transmitir un mensaje. Pero incluso si estos glifos no son un sistema de escritura claramente desarrollado, al menos indicaría un tipo de formación similar.

Otra evidencia arqueológica encontrada en San Andrés, un asentamiento cerca de La Venta, es una señal mucho más clara de que los olmecas tenían su propio sistema de escritura. Tres artefactos, de los cuales un sello de cilindro de cerámica es el más importante, databan del 650 a.C., que todavía tiene unos 150 años más que la escritura mesoamericana más antigua actualmente confirmada. El sello contiene tres glifos cuando se combinan de una manera que los mesoamericanos posteriores, sobre todo los mayas, solían usar para representar el nombre del gobernante. Además del sello, se han encontrado dos pequeñas placas de piedra verde, ambas con un solo símbolo (diferente) cada una. Pero los dos símbolos se han conectado a glifos bien documentados en otros sistemas de escritura mesoamericanos, especialmente, una vez más, los escritos mayas. Para los arqueólogos que están de acuerdo con la teoría de la escritura olmeca existente, esta es una clara evidencia de ello, que cuando se conecta con el Bloque de Cascajal, da una sensación de continuidad y desarrollo del sistema de escritura olmeca. Cuando se compara con las tradiciones del sistema de escritura maya, indica que la escritura olmeca, por rudimentaria que haya sido, estableció la base sobre la que todas las demás civilizaciones mesoamericanas construyeron sus propios escritos. Este sería otro testimonio de la importancia de los olmecas en el desarrollo de toda la región mesoamericana.

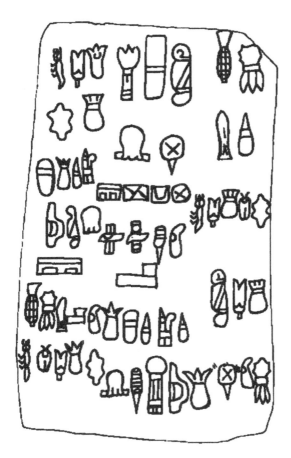

Un dibujo del Bloque Cascajal

En la actualidad, uno de los alimentos más icónicos vinculados con México y la región mesoamericana son las tortillas, principalmente las que están hechas de maíz. Ese tipo de comida se ha elaborado en este área desde antes de que llegaran los españoles, que en realidad le dieron el nombre de cómo le llamamos en la actualidad, ya que tortilla en español significa un pequeño pastel. En el idioma náhuatl azteca, se llama tlaxcalli, lo que significa algo cocido. No podemos estar seguros de cómo los olmecas la llamaron, pero sabemos que le dieron un nombre. La evidencia de esto radica en los hallazgos arqueológicos de comales, planchas de cerámica en las que las tortillas se cocinaban tradicionalmente. Lo interesante es que no se encontraron comales en el sitio de San Lorenzo. Pero en La Venta sí se han encontrado comales, aunque no eran tan comunes en el corazón de la tierra de los olmecas. Pero como muchas otras cosas, se encontraban más comúnmente en los sitios con influencia olmeca. Esto significa que era probable que tanto comales como tortillas se hubieran desarrollado en el período posterior de la civilización olmeca. Por supuesto, esto no prueba nada concluyentemente; es posible que hayan utilizado esas planchas de cerámica para preparar otros tipos de alimentos y que luego se hayan adaptado para hacer tortillas.

Por otro lado, aunque tradicionalmente las tortillas se han hecho en comales, en sus formas más primitivas podrían haberse hecho de alguna otra manera, lo que sugeriría que las tortillas podrían ser más viejas que los olmecas. Pero incluso si no inventaran las tortillas, podrían haber perfeccionado la forma en que fueron hechas. Claramente, las tortillas jugaron un papel importante en el desarrollo de Mesoamérica. A primera vista, algunas personas pueden verlo tan solo como un alimento, sin más implicaciones que la cultura gastronómica. Las tortillas tienen la ventaja de mantenerse frescas y comestibles durante al menos varios días. Además, eran preparadas y transportadas con bastante facilidad. Eso habría mejorado la logística militar y de viaje de los olmecas, facilitando la organización y la ejecución de los viajes más largos. De esa manera, las tortillas pueden haber sido cruciales incluso para la expansión de la red comercial olmeca en el período de La Venta, haciéndola más grande y más compleja que antes. Y debido a que los comerciantes olmecas casi seguro las llevarían a sus viajes, podemos concluir que también se extendieron a través de Mesoamérica, por lo que es un alimento popular en la región. Por lo tanto, incluso si no inventaron o incluso mejoraron las tortillas, es probable que los olmecas hayan jugado un papel crucial en la difusión de su uso a otras civilizaciones mesoamericanas.

Continuando con la historia culinaria, hablar de Mesoamérica y no mencionar el cacao y su uso sería un gran descuido. El cacao era una parte esencial de todas las culturas mesoamericanas, con una amplia variedad de aplicaciones en la vida cotidiana. Hicieron varios tipos de bebidas a partir de él, lo usaron en ceremonias religiosas y, en algunos momentos durante la historia de la región, también se utilizó como moneda. Y el uso del grano de cacao se remonta a los tiempos de los olmecas. La evidencia de esto radica en las vasijas encontradas en varios asentamientos olmecas que, después de las pruebas, mostraron rastros de residuos de cacao en ellas. Esto confirmaría que los olmecas bebían una de las variaciones de las bebidas de cacao, lo que pondría a su civilización en el concurso de ser la primera en hacerlo. El hecho de que el árbol de cacao crece naturalmente en el corazón de la tierra de los olmecas también ayuda a esta hipótesis. Era solo cuestión de tiempo antes de que a alguien se le ocurriera alguna forma de usar su fruto.

De las vasijas encontradas, los eruditos están seguros de que al menos una de las formas en que los olmecas usaban el cacao era para hacer bebidas. Pero algunos también piensan que lo usaron de maneras más espirituales y ceremoniales, vinculando su uso desde el principio a la religión, como se usó en las posteriores civilizaciones mesoamericanas, pero los arqueólogos no pueden estar seguros de ello. El tercer uso común del cacao como moneda parece poco probable en el caso de los olmecas. No solo no hay evidencia del cacao siendo usado como tal, sino que tampoco hay evidencia de una moneda de ningún tipo siendo usada, aunque los olmecas hayan comerciado con y para el cacao, y su uso como moneda en los últimos períodos de la historia mesoamericana surgió de ese comercio. La mayor prueba del papel crucial que jugaron los olmecas en hacer del cacao una parte especial de la cultura mesoamericana yace en la misma palabra cacao. La palabra que usamos hoy es una transcripción en español de la palabra maya cacaw, que era como llamaban al cacao. Pero los mayas recibieron la palabra del idioma olmeca, donde esta planta se llamaba kakaw, según el trabajo de los lingüistas mesoamericanos. Eso solo es suficiente para dar a entender cuán importantes fueron los olmecas para la difusión del cacao y su uso en la región. Pero también en una perspectiva más amplia; muestra que esta civilización no solo influenció a las civilizaciones mesoamericanas, sino que con esta palabra logró influenciar la cultura mundial de la era actual, ya que aún hoy en día amamos y usamos el cacao, y. además, todavía usamos el nombre olmeca para designarlo. Y otros ejemplos en este capítulo también apoyan la idea de que la influencia olmeca estaba mucho más difundida de lo que usualmente se les atribuye.

# Capítulo 11 - Los olmecas, ¿una cultura madre de Mesoamérica?

En este libro, incluso desde su título, el objetivo ha sido celebrar a los olmecas como una de las civilizaciones más antiguas, si no la más antigua, en Mesoamérica. Y a lo largo de las páginas, la tendencia general de los capítulos ha sido presentar todas las formas en que los olmecas han influido tanto en sus contemporáneos como en sus sucesores. Incluso cuando se han considerado las teorías en contra de esta noción, la idea de que la civilización olmeca es una cultura madre de toda Mesoamérica debería ser obvia. Y muchos eruditos están de acuerdo con esto, aunque en diversos grados. Pero también hay quienes están completamente en contra. Y este capítulo está dedicado al lado negativo de este importante debate, ya que el lado positivo se ha entretejido en todos los capítulos anteriores.

Al considerar a los olmecas como una cultura madre de la región, la religión parece ser la parte donde la influencia de los olmecas es la más débil. En capítulos anteriores, se ha mencionado que sus creencias influenciaron a otros lo suficiente como para respetar tanto a los lugares sagrados olmecas como a algunos de sus dioses. Algunos eruditos, sin embargo, creen que también es posible que estas creencias religiosas no fueran únicamente olmecas. Es posible que, en realidad, sean anteriores a los olmecas. Estas creencias podrían haber venido de los prehistóricos mesoamericanos que, debido a que vivían en las mismas regiones, comenzaron a adorar a los mismos seres sobrenaturales y animales, atribuyéndoles conexiones similares a los fenómenos naturales en un intento de explicarlos. Con el contacto continuo entre las diferentes tribus, sus creencias se volvieron más parecidas hasta el punto en que parecían casi iguales. En este sentido, algunos eruditos creen que la religión y la mitología de Mesoamérica no evolucionaron a partir de las creencias olmecas y que, en cambio, fueron simplemente uno de los muchos ladrillos en la pared.

Y, como hemos visto, gran parte de su arte proviene de su religión. Entonces, el tema relacionado con la influencia cultural y artística que los olmecas tuvieron en Mesoamérica a través de los tiempos también está abierto a debate. Como se mencionó en capítulos anteriores, el consenso entre los historiadores es que el estilo de los olmecas fue copiado por otros cacicazgos y civilizaciones, difundiendo las características de la cultura olmeca en toda la región. Pero, contrariamente a esa idea, algunos eruditos creen que esta explicación del mimetismo es incorrecta. Al igual que con la religión, piensan que estas similitudes en el arte, que la mayoría ha visto como una copia del estilo olmeca, están enraizadas en la unidad cultural de toda la región, anterior a los olmecas. Creen que casi todas las personas que vivieron en Mesoamérica tenían la misma estética y las mismas creencias, y sin la influencia extranjera hicieron arte con solo diferencias menores, casi imperceptibles. Eso significaría que el estilo olmeca no existía. Era, en esencia, un estilo compartido en toda Mesoamérica. Si eso es cierto, sin duda los olmecas serían menos especiales a los ojos de los eruditos, al menos en lo que a arte se refiere.

Incluso cuando se habla de las innovaciones culturales olmecas mencionadas en el capítulo anterior, la teoría es similar: fueron creadas por toda la región, no solo por los olmecas. No hay evidencia clara de que los olmecas fueran los primeros en hacer algún avance cultural. La evidencia más antigua de cualquiera de ellos ha sido fechada a una edad similar, y no todos provienen directamente de los olmecas. Esto trae la pregunta; ¿influyeron los olmecas en Mesoamérica? ¿O influyó Mesoamérica en los olmecas de forma similar al viejo enigma de la gallina y el huevo? Si bien es posible que los olmecas fueran realmente los únicos en hacer estas innovaciones, también es posible que las copiaran de sus vecinos o socios comerciales. Incluso es posible que ideas similares sobre cómo mejorar la calidad de vida se crearan en diferentes tribus y cacicazgos sin la influencia de los olmecas. Y con esa mentalidad, no pueden considerarse como la civilización madre mesoamericana.

Algunos de los eruditos incluso argumentan que los olmecas no eran más avanzados que ninguno de sus contemporáneos y que eran más o menos iguales a otras culturas de Mesoamérica en aquel momento. No destacan en el arte, la artesanía o la complejidad social. Lo único que los separa de otras tribus es su comercio y su riqueza. Dicho todo esto, se podría concluir que los olmecas fueron solo una creación de los tiempos modernos, un grupo de personas que vinculamos a una civilización que no era tan tangible como nos gustaría que fuera. Y que, en realidad, todas las tribus y personas de la región realmente estaban unificadas en una antigua civilización mesoamericana muy extendida. Por supuesto, esta es solo otra forma de ver a los olmecas y no necesariamente debe tomarse como la correcta. Este debate aún no está completamente resuelto.

# Conclusión

La historia olmeca está llena de quizás, de debates, teorías e ideas. Con todas estas preguntas sin respuesta, los olmecas todavía son en gran parte un misterio para nosotros. Los olmecas desempeñaron un papel esencial en la historia mesoamericana; desde el comienzo de su historia, comenzaron a destacar entre sus vecinos. Pudieron crear templos increíbles, monumentos y otros proyectos públicos. Tuvieron la delicadeza de crear piezas de arte asombrosas de calidad incomparable para el período de tiempo en el que vivieron. Pudieron crear una sociedad que luchaba por conseguir más, que luchaba por la grandeza. Y debido a su excelencia, los olmecas sirvieron como modelo para los que se encontraban a su alrededor en ese momento. Es por eso que todos trataron de copiar su ingenio y la razón por la que todos querían asociarse con ellos.

Por supuesto, esto no significa que su sociedad fuera perfecta, ni que su civilización sea un lugar donde uno desearía vivir. Siempre se debe recordar que la mayoría de los pueblos olmecas, los plebeyos, llevaban vidas muy sacrificadas, con muy poco ocio y lujo. Los olmecas no deben verse como una utopía del pasado en ningún caso. Pero, aun así, fueron exactamente estos plebeyos los que lograron alcanzar una gran destreza en muchos campos diversos de trabajo. Se convirtieron en los famosos artesanos, cuyos productos siguen siendo el foco de la atención pública. Pero, con tantas incertidumbres y debates, algunos pueden preguntarse si los olmecas realmente alcanzan las expectativas que se han creado a su alrededor. ¿Ha girado la leyenda en torno a ellos solo porque son una de las civilizaciones más antiguas de América?

Por lo menos, merecen nuestra atención debido a la red comercial que crearon, que al final parece ser no solo la razón principal de su éxito, sino también su mayor legado. La influencia y el poder de los olmecas se debe al hecho de que tenían comerciantes sin precedentes. Con todas las conexiones que tenían en toda Mesoamérica, hicieron que la región se sintiera mucho más pequeña, más vinculada y más compacta. Este es posiblemente su mayor logro. Lo que ellos no originaran al menos ayudaban a difundirlo. Entonces, incluso si no podemos o no les otorgaremos a los olmecas el título de cultura madre mesoamericana, no podemos ignorar el hecho de que fueron importantes para el desarrollo de la región. Para empezar, fueron el pegamento que lo unió todo.

Por esa razón, su historia merece ser contada. Por eso vale la pena nuestro tiempo y paciencia para llegar a conocer a los olmecas. Es importante verlos como artistas y artesanos, como guerreros y gobernantes, como comerciantes y sacerdotes, como chamanes e inventores. Porque incluso aunque su civilización desapareciera hace tanto tiempo y hayan sido enterrados en oscuros pasadizos del pasado casi olvidado, los olmecas han dejado su huella en la historia. Su impacto aún se puede sentir hoy, incluso aunque sea en menor grado, o uno casi irreconocible. Y este hecho nunca debería ser olvidado.

# Lea Más Libros de Historia Fascinante Sobre Civilizaciones Antiguas

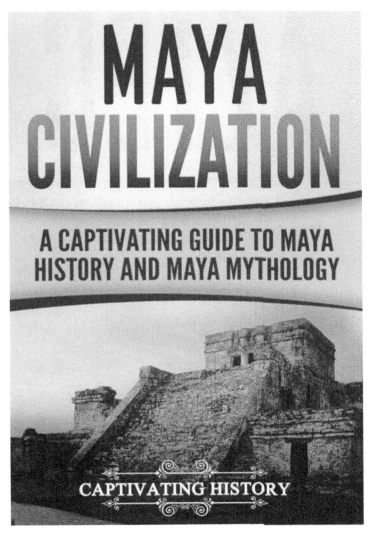

# AZTEC

A Captivating Guide to Aztec History and the Triple Alliance of Tenochtitlan, Tetzcoco, and Tlacopan

CAPTIVATING HISTORY

# INCAS

## A CAPTIVATING GUIDE TO THE HISTORY OF THE INCA EMPIRE AND CIVILIZATION

CAPTIVATING HISTORY

# Bibliografía

Adams, Richard E. W. and MacLeod Murdo J. *The Cambridge history of the native peoples of the Americas Volume II: Mesoamerica*, Cambridge, Cambridge University Press, 2008.

Carmack, R.M., Gasco J. and Gossen G.H. *The Legacy of Mesoamerica: History and Culture of a Native American Civilization*, New York, Routledge, 2007.

Coe, Michael D. and Koontz Rex. *Mexico – From the Olmecs to the Aztecs,* London, Thames and Hudson, 2013.

Bernal, Ignacio. *The Olmec world*, Berkley, University of California Press, 1969.

Hassig, Ross. *War and Society in Ancient Mesoamerica*, Berkley, University of California press, 1992.

Koontz R., Reese-Taylor K. and Headrick A. *Landscape and power in ancient Mesoamerica*, Boulder , Westview Press, 2001.

Pool, Christopher. *Olmec Archeology and Early Mesoamerica*, Cambridge, Cambridge university Press, 2007.

Staller, John E. and Carrasco Michael. *Pre-Columbian Foodways: Interdisciplinary Approaches to Food, Culture, and Markets in Ancient Mesoamerica*, New York, Springer, 2010.

Rosenswig, Robert M. *The Beginnings of Mesoamerican Civilization: Inter-regional interactions and the Olmecs*, Cambridge, Cambridge University Press, 2010.

*The Olmec and Toltec: The history of early Mesoamerica's most influential cultures,* by Charles Rivers Editors, 2016.

Made in the USA
Coppell, TX
18 January 2022

71831236R00049